C O L E C C I Ó N
D I D A S K A L O S

VLADIMIR SOLOVIEV

EL SIGNIFICADO DEL AMOR

Imagen portada: El beso de Gustav Klimt

Nueva edición: marzo 2024

© Autor: Vladimir Soloviev

Impreso en España. Printed in Spain
Depósito legal: M-7879-2024
ISBN: 978-84-19431-41-7

Maquetación: Juan Carlos Adame

Impresión y encuadernación:
  Editorial Didaskalos
  Valdesquí 16, Madrid 28023

ÍNDICE

PREFACIO

José Noriega *

Hace unos años estuvo de moda el escritor Raymond Carver. Su arte literario se concentraba en los relatos: breves historias, sobrias y minimalistas, cuyo impacto se encontraba precisamente en lo escueto de la narración. De esta forma pretendía rescatar lo cotidiano, valorizarlo para no perderlo en el ajetreo de la vida. Lo traigo a colación, porque el efecto que generan en el lector sus obras es el fiel reflejo de lo que puede ser la vida para tantas personas: un cúmulo de historias, de experiencias, que se superponen unas a otras sin relación entre sí. Falta, en definitiva, un hilo conductor, un *fil rouge* que entreteja los diversos fragmentos y desvele el sentido global.

¿Dónde encontrar este hilo conductor que da unidad a nuestra vida y la transforma en una biografía? Sí, porque al fin y al cabo lo que nos interesa es comprender la biografía que cada uno de nosotros está escribiendo con su vida, una biografía que va más allá de historias desconexas, pues lo que ansiamos es construir una vida bella y no simplemente sentir experiencias que nos satisfagan. Se trata de un hilo muy singular, porque cada persona lo

* Superior general de los *Discípulos de los Corazones de Jesús y María*, y profesor de Teología Moral especial en el *Pontificio Istituto Giovanni Paolo II*, Roma, del que es Vicepreside.

debe hilvanar y entretejer: es el hilo del sentido que damos a lo que hacemos.

Y es aquí donde Soloviev, contemporáneo de los grandes literatos rusos del siglo diecinueve, nos descubre un arte nuevo, el arte de dar sentido. Él mismo lo aprendió en su gran viaje hacia el descubrimiento y la realización de la verdad unitotal que fue su vida. De niño piadoso pasará a ser en la adolescencia un materialista ateo, iluso de una razón creída en ser la única capaz de entretejer el hilo conductor. Posteriormente vivirá una conversión radical gracias a diferentes experiencias en que se manifestaba la belleza de una verdad total, capaz de dar su lugar propio a todos los fragmentos. Y así se entregó a la recomposición de un pensamiento integral, que tuviera su inicio no en una razón fría y calculadora, sino en un amor grande y divino. De ahí pasó a su gran interés por el ecumenismo, para terminar descubriendo que el principio capaz de realizar la verdad unitotal era, precisamente, el amor.

Y de este último periodo presentamos hoy esta obra suya sobre el significado del amor, con la cual quiere él mismo encontrar el hilo conductor de la experiencia amorosa que estaba viviendo con Sofía Martynova. En su lectura se aprecia inmediatamente que nos encontramos ante unas páginas en las que su autor nos enseña a reflexionar sobre nuestras experiencias.

Estamos acostumbrados a ver nuestras experiencias como un hecho ante el que nos encontramos y que contemplamos como espectadores, por lo que solo podemos o sufrirlo o disfrutarlo. Experiencias como el sufrimiento, el fracaso, la alegría, la soledad, la vergüenza, el arrepentimiento, el engendrar una vida, la muerte, el éxito, y desde luego, el amor, serían como datos ya cerrados en sí mismos y que se ofrecen a nuestra conciencia para que los desvele y a nuestra libertad para que se sitúe ante ellos. La realidad, de esta forma, se opondría a nuestra subjetividad. Nuestro "yo", el "quienes somos", se construiría por la aceptación o rechazo de lo que se le propone.

Así es como la cultura occidental desde la modernidad se sitúa ante la realidad, confrontándose a ella. La experiencia sería el momento en que la realidad toca nuestra subjetividad, reclamando nuestra respuesta. La aceptaremos o no según unos criterios extraños a la misma experiencia, como son los criterios de la utilidad que nos reporte, o del estado de satisfacción que genere en nosotros, o de la aceptación social que implique.

Pero entender así las experiencias humanas es abocarse al fracaso. ¿Por qué? Porque la realidad no es algo ajeno a nuestra subjetividad. Más aún, porque no hay verdadera experiencia humana si nuestra libertad no es llamada en causa y nuestra inteligencia no da sentido último. El sufrimiento no es simplemente el dolor que experimentamos en nuestra sensibilidad. La alegría no es la simple descarga neurofisiológica de la satisfacción de un deseo. El amor no es la mera tensión pulsional que surge para hacer posible la procreación, ni el sentimiento que nos embriaga al encontrar una complementariedad. Es también todo esto, pero no lo comprenderemos hasta que no veamos qué tiene que ver esta experiencia con nuestra verdad completa, con nuestra vida globalmente considerada, con la verdad unitotal de nuestra vida, diría Soloviev. Así el sufrimiento surge ante la imposibilidad de vivir una plenitud, de realizarla, y la alegría aflora cuando alcanzamos esa plenitud en nuestro obrar, y el amor nace cuando el mismo corazón encuentra la posibilidad de una intimidad, de una comunión.

La experiencia humana surge ahora nueva. Los afectos se hacen verdaderamente humanos cuando son interpretados, cuando la persona les da sentido. Los hombres, aunque pertenecientes a la especie de los animales, no vivimos el amor como un animal más. ¿Por qué, si hay tantos elementos comunes? Precisamente porque podemos dar sentido a lo que vivimos. Dar sentido es vivir humanamente. Y lo podemos dar de una o de otra manera: podemos vivir el amor como simple experiencia en orden a mantener la especie, o en orden a alcanzar un equilibrio psicofisiológi-

co, o en orden a ser aceptados socialmente, o en orden a vivir
una comunión humana. En cada uno de estos casos el afecto es
distinto porque la interpretación que lo plasma es diferente.

Pero ¿cómo dar sentido? ¿Tiene el mismo valor un sentido que
otro? ¿Existe una verdad del significado que doy a mis experiencias?

Es aquí donde está el gran interés de esta obra: la verdad solo se aprecia cuando se pone en juego la realidad que vivimos
en su relación con Dios. Es así, desde su finalización en Dios como este potente pensador nos enseña a ver la vida. No existe
por ello la posibilidad de caer en un intelectualismo seco y aburrido, ni en un relativismo vacío e insidiante. No son verdades
parciales lo que busca nuestro autor, no son bellos fragmentos
lo que nos propone. Lo que él nos ayuda a descubrir es el principio de unidad en la vida humana. La visión que él fue poco a
poco alcanzando de la realidad le permitió entrar en el corazón
de la misma, y así adquirió como unos rayos X con los que llega-
ba a entender el dinamismo que ocultamente la sostiene, esto
es, su finalización en Dios. Los "porqués", que indagan curiosos
sobre el origen, dejan de estorbar para dejar paso a los "para
qués", que, admirados, pretenden descubrir un sentido nuevo
accesible solo para el hombre que acepta su dirección. Toda la
realidad aparece entonces como una inmensa flecha que pretende entrar en el corazón de la Trinidad. Mejor aún, toda la realidad aparece en ese movimiento maravilloso de "salida de Dios"
para llegar a "entrar en Dios". El "amor que mueve el sol y las demás estrellas" ha dejado en la realidad, en toda la realidad, también la que experimenta el hombre, esa tensión hacia Dios. Porque mueve todo hacia Sí mismo.

Surge así imponente la pregunta: ¿qué tiene, entonces, que
ver el amor sexual con Dios? ¿Qué lugar ocupa en ese movimiento de salida de Dios y de retorno a Él? Porque ha sido Dios quien
lo ha hecho posible. Sí, es verdad, experimentamos con gozo, pero también con ambigüedad, el amor sexual, y no nos es fácil en-

contrar su sentido. Casi parece que bastaría congelar el movimiento para exprimir su jugo, y sin embargo, la impetuosidad con que se presenta nos impide detenerlo. Nos encontramos como arrastrados en él, pero sobre todo, arrastrados a dar un sentido a lo que estamos viviendo.

Pero ¿qué estamos viviendo? ¿Quién soy yo que soy amado así y, a la vez, soy llamado a amar a otra persona? ¿Quién es la persona amada? Son las grandes preguntas que surgen en la experiencia amorosa y que solo en ella se pueden responder, porque es el amor quien nos revela quiénes somos y qué estamos llamados a ser.

Se comprende ahora cómo el amor es una revelación, que nos permite no solo conocer, sino sobre todo reconocer quién es la persona, su destino ultimo: quiénes somos nosotros, y nuestro destino último, una comunión a construir. Sin esta visión la vida continúa enfangada en un montón de fragmentos inconexos entre sí: historias y relatos que reflejan la belleza o la dificultad del vivir cotidiano pero que no constituyen ninguna biografía. Flores bellas, ya marchitas al caer la tarde, pero que rebrotan al calor del sol.

La gran aportación de esta obra que tienes entre las manos es que te enseñará a pensar tu vida. Mejor, te enseñará a pensar tus experiencias, ayudándote a dar el sentido verdadero que las haga auténticamente humanas. Su intento fue alabado por Juan Pablo II, quien recogió tantas de sus intuiciones en sus famosas "Catequesis sobre el amor humano". Cierto, te encuentras ante una obra breve, excesivamente breve en la que faltan muchos elementos. Puede incluso que en algún momento sus soluciones te dejen poco convencido, como cuando excluye del significado del amor su aspecto procreativo. Y sin embargo, su lectura te enseñará el arte de hilvanar y entretejer tu vida.

Carver intentó descubrir el valor de lo cotidiano. Pero no consiguió salir del fragmento. Soloviev ofrece una lectura nueva del fragmento porque ha encontrado su misterio. Él mismo nos lo explica:

> "Ocurrió algo maravilloso en mí, como si todo mi ser –mis pensamientos, mis sentimientos, mis deseos– se disolviese y se fundiese en una sensación infinitamente dulce, clara y calma; y en esta sensación, como en un puro espejo, se reflejara, inmóvil, una imagen maravillosa; y sentía y sabía que en esta única imagen estaban todas las cosas. Amaba con un amor nuevo, infinito, que abrazaba todo y, en él, sentía por primera vez toda la plenitud y el sentido de la vida" [1].

Este es el hilo conductor: el que va de la experiencia amorosa a la plenitud humana, y de esta a su relación con el misterio de Dios. El amor se transforma así en una vía hacia Dios.

---

[1] V. SOLOVIEV, "A l'aube d'une jeunesse nébuleuse", citado en M. HERMAN, *Vie et oeuvre de V. Soloviev* (Fribourg, CH 1995) 13.

INTRODUCCIÓN

*Eleonora Stefanyan**

1. Lo eterno femenino. La expresión de la unitotalidad

"En un parpadeo veo que todo no es sino uno,
el uno no es sino la belleza del rostro de una mujer
y lo inconmensurable entra en su medida;
en todo, ante mí y en mí mismo, no estás más que tú" [1].

En estos versos que Vladimir Soloviev [2] escribió al final de su vida en *Tri svidanija* (*Las tres citas*), un relato autobiográfico en forma

---

* Doctorando en el *Pontificio Istituto Giovanni Paolo II*, Roma; secretaria del *Area di Ricerca di Teologia Morale* en dicho Instituto y especialista en V. Soloviev.

[1] V. SOLOVIEV, "Tri svidania" (Las tres citas), en *Sobr. Socinenij* (Obras) (Bruxelles 1969) XII, 84.

[2] Nacido en la familia de un célebre historiador moscovita, Vladimir Soloviev dejó, en sus breves 47 años de vida (1853-1900), más de 14 volúmenes de obras, poesías y un rico epistolario. Algunas de sus obras más conocidas son: *Krizis zapadnoj filosofii: protiv pozitivistov* (La crisis de la filosofía occidental: contra los positivistas) 1874; *La Sophia* 1876; *Filosofskie nachala celnogo znanija* (Los principios filosóficos del saber integral) 1877; *Kritica otvlechennykh nachal* (La crítica de los principios abstractos) 1877-1880; *Chtenia o Bogocelovechestve* (Lecciones sobre la Divinohumanidad) 1877-1881; *Dukhovnyje osnovy zizni* (Los fundamentos espirituales de la vida) 1882-1884; *Istoria i buduscnost teokratii* (La historia y el futuro de la teocracia) 1885-1887; *L' Russie et l'Eglise Universelle* (1888), *Krasota v prirode* (La belleza de la naturaleza) 1889; *Obschij smysl iskustva* (El significado universal del arte) 1890; *Smysl lubvi* (El significado del amor) 1892-1894; *Opravdanie dobra* (La justificación del bien) 1894-1897; *Ziznennaja dramma Platona* (El drama de la vida de Platón) 1898; *Tri razgovora* (Los tres diálogos y el relato del Anticristo) 1900.

de poema, reverbera lo que según él mismo era "lo más importante que me ha sucedido hasta ahora". Se trataba de sus tres visiones de la *Sofía* (la Sabiduría divina) que él llamaba "lo Eterno Femenino". Las apariciones de esta bellísima mujer, primero al adolescente Volodija y luego al investigador en el Museo Británico y en El Cairo, han señalado los momentos cruciales de la existencia de Soloviev, influyendo en toda su vida de filósofo, teólogo, poeta y hombre.

¿Qué hay detrás de estas visiones místicas de la Sabiduría Divina? ¿Qué luz nos dan estas experiencias vinculadas con sus consideraciones sobre lo Eterno Femenino?

En estas visiones de "la mujer bellísima", Soloviev ha contemplado la imagen de la idea que Dios tiene de su creación material, lo que produjo el amor de Dios en la creación, aquello que encontrará su propio ser solo en la unión con su Creador. La creación, la materia del mundo, no es Dios sino lo que está ante Él, como la esposa ante el esposo en la intimidad matrimonial. Dios la conoce íntimamente, la ama y la crea. Ella es su Sabiduría creada, la *Sofía*, porque sabe que solo en la íntima y amorosa unidad con su Creador encontrará la vida. Ella no es una diosa pagana [3], sino que es siempre la expresión de la materia tal y como Dios la ha querido y la ha visto, santificada y deificada.

El encuentro con esta *Sofía* es un evento y una revelación que cambia la vida. En medio de este mundo roto y fragmentado, Vladimir Soloviev ha percibido en un instante la belleza verdadera de todo lo creado, la Unidad del todo o la unitotalidad que manifestaba la luz del Amor Divino [4]. "He tocado el esplendor de la Divinidad" dice el mismo Soloviev, porque en Ella ha visto el reflejo

---

[3] Sobre esta concepción que Soloviev tiene de la *Sofía* como Eterno Femenino volveremos más adelante (cf. nota 10, página 102).

[4] El término "unitotalidad" (en ruso, *vseedisnsto*) es clave en el pensamiento y la vida de Soloviev. Aunque lo traduciremos de este modo ("unitotalidad") por razones de adaptación al lenguaje y de sonoridad, literalmente habría que verter "todounidad" (unidad del todo).

del misterio del Dios Trino, el esplendor de la Unidad en la Diferencia, la razón por la que "de la Santa Sabiduría proviene algo que da al universo su fascinante belleza"[5].

En esta visión de la Unidad "que vence la odiosa división del mundo", Soloviev ha reconocido la necesidad de llevar el don de la unidad a la multiplicidad para darle nuevamente sentido. "Todo dentro de mí cambió. En este sentimiento, como en un espejo claro, se reflejó la única imagen maravillosa. Conocí y percibí que en este Uno estaba todo. Amaba ahora con un amor nuevo, omnicomprensivo e infinito. Y en este amor por primera vez experimenté toda la plenitud y el sentido de la vida"[6].

Considerando el curso de su vida, Soloviev interpretaba estas visiones como una llamada, como una vocación a realizar la belleza cada día. Soloviev ha pasado por el ateísmo, el materialismo, el socialismo, el iluminismo… Ha vivido cada periodo con pasión y continua búsqueda, porque las respuestas que encontraba no le satisfacían plenamente. Y así, a pesar de algunas crisis en su visión del mundo, consistentes en momentos de aparente contradicción, la verdad contemplada en la imagen de la Sabiduría Divina se ha manifestado finalmente en una visión integral del mundo.

Los tres periodos que los críticos distinguen dentro de la vida de este gran filósofo están profundamente unidos por esa continua reflexión sobre la verdad contemplada y su realización. La idea de la Unitotalidad es el hilo conductor que se presenta bajo diversos aspectos. Primero en el periodo filosófico, cuando Soloviev desarrolla un sistema de filosofía cristiana que realizará la síntesis entre ciencia, filosofía y teología, todo a través de la encarnación de la Sofia en el mundo; luego en el periodo eclesiástico, cuando reflexiona sobre la unidad como principio teológico y la unidad de las

---

[5] F. Mueckermann, *Soloviev, messager de la Russie à l'occident* (Paris 1951) 195.
[6] V. Soloviev, "Na zare tumannoj unosti" ("El despertar de la nublada juventud"), en *ed. cit.,* XII, 299.

Iglesias como consecuencia; por último en el periodo sintético, en el que Soloviev retoma los temas desarrollados en los años precedentes, centrándolos ahora en el tema de la estética y del amor sexual, que, como fruto de un actuar divino-humano, introduce "el aspecto de Dios en todas las cosas" y realiza la encarnación de la Sabiduría de Dios en el mundo.

Si toda la vida de Soloviev fue aspirar a la encarnación de lo Eterno Femenino, de la Sabiduría Divina y si sobre todo en el amor sexual percibió la posibilidad de su realización, no nos sorprende que "su concepción del amor sexual o erótico sea el nervio vital de su filosofía" [7].

2. El amor sexual. La individualización y la revelación de la Unitotalidad

La vida de este gran hombre no estuvo privada de las pasiones del amor. Su pensamiento filosófico no sería una sabiduría vital si no estuviera unido con su experiencia del amor. Pero tampoco tendría sentido su experiencia ni sería tan fascinante su carácter personal si no estuviera todo iluminado por la luz de su gran visión.

En un tiempo en que el amor sexual se analizaba bajo una perspectiva enormemente pobre, que reducía el amor por una parte al puro funcionalismo, con la única finalidad de reproducir la especie, y por otra parte a la pura emoción irracional, Soloviev consiguió proponer un nuevo punto de vista, profundo e integral, consiguió mostrar la riqueza y la belleza del amor humano y su puesto privilegiado en la reconstrucción del Reino de Dios.

El amor sexual es para Soloviev la individualización de la Unitotalidad. En la mujer amada, concreta y terrena, Soloviev intuía la co-

---

[7] Cf. E. Trubetzkoj, "Mirosozerzanie V. Solovieva" en *Zizn i tvorcestvo Vladimira Solovieva v ozenke russkykh myslitelej i issledovatelej* (San Petesburgo 2000) II, 366.

nexión con la mujer celeste. "Veo a la diosa, al alma del mundo, que experimenta nostalgia por el Único Dios" [8]. El amor del joven Vladimir por su prima y prometida Katja Romanova terminó dramáticamente. Sin embargo, en su alma angustiada, insegura, apasionada y sufriente, Soloviev captó por vez primera el alma del mundo, poseída por las fuerzas del caos pero orientada a la iluminación y a la liberación en el amor al Único Dios [9]. El amor más grande de su vida fue el que experimentó hacia Sofia Petrovna Chitrovo [10]; duró más de diez años y después, tras haberse mostrado la imposibilidad de su realización en una familia, permaneció bajo la forma de un profundo vínculo. Finalmente, su última e infeliz pasión por Sofia Mikhajlovna Martynova se demostró unilateral y terminó tras un breve verano. Estos amores, sin embargo, no le han conducido a una vida fragmentada, más bien fueron siempre un camino de maduración espiritual. Lejos de ser un ratón de biblioteca, de ser un puro teórico, Soloviev vivía reflexionando y reflexionaba viviendo. Las experiencias fuertes e impactantes le empujaban a buscar un sentido, es decir, el significado de dichas experiencias para la vida total.

Sus ensayos que tratan directamente sobre el tema del amor se publicaron en el último decenio de su vida, como una reflexión de su experiencia vital y del sentido que buscaba. Soloviev terminó de escribir los cinco artículos titulados *El significado del amor* tras su infeliz pasión por Sofia Martynova. Es interesante notar que el mismo Vladimir no quedó contento con este escrito. En una de sus cartas enjuicia su propia obra con palabras bastante severas: "El 17 de octubre, tras salir de Trubezkie, me he puesto enseguida a terminar 'El amor' y el domingo 31 de octubre he escrito al-

---

[8] V. VELICKO, en *Zizn i tvorcestvo…* (*op.cit.*) 54.

[9] Cf. S. SOLOVIEV, *Ziznennaja i tvorceskaja evoluzia Vladimira Solovieva* (Bruxelles 1977) 75-86.

[10] Cf. S. SOLOVIEV, *op.cit.*, 210. Sergei Soloviev sostiene con firmeza que S.P. Chitrovo fue el único verdadero amor de toda la vida de Soloviev. Nacido en 1877, este amor permaneció vivo, con modalidades diversas, hasta la muerte de Soloviev.

rededor de 40 páginas. Pero cuando las he leído... ¡oh, dioses! Como habría dicho el pobre Afanasij Afanasievic [11], ¡cuán privo de nervio está todo, qué aburrido sopor, qué desastre! Y sin embargo, quería escribirlo del modo mejor posible" [12]. Según los críticos, las palabras de Soloviev eran injustas, pues el ensayo sería valorado más tarde diciendo que era "tal vez el más penetrante de sus escritos" [13]. Soloviev retornará en los últimos años de su vida (1898) sobre el tema del amor erótico en *"El drama de la vida de Platón"* [14], donde, según su biógrafo S. Soloviev, encontramos "sus pensamientos sobre el amor expresados del modo más fuerte" [15], y donde también, con un lenguaje lacónico pero penetrante, describe el porqué del *eros*, cuya finalidad es "regenerar y santificar nuestra vida y unirla a la vida de Dios" [16].

a. La verdad del amor

Soloviev supo llegar al corazón de ese misterio que es el amor entre el hombre y la mujer, porque lo supo situar en una perspectiva más amplia. A la pregunta de por qué reflexionar sobre el amor, que parece una cuestión simple y vivida por muchos sin grandes disquisiciones sobre el sentido, Soloviev da una respuesta decisiva, que expresa fuertemente su posición. "Existen realidades objetivas, sobre las que se puede tener una idea falsa e insuficiente sin un daño directo para la vida. Pero hay realidades objetivas de orden espiritual cuyo significado vital para nosotros se define jun-

---

[11] AFANASIJ FANASIEVIČ FET-ŠENŠIN (1822-1892) fue un poeta y traductor ruso amigo de Soloviev.
[12] V. SOLOVIEV, *Pisma* (Cartas) (Bruxelles 1970) I, 80.
[13] P. EVDOKIMOV, *Sacrement de l'amour* (Paris 1977) 53.
[14] La reflexión sobre el amor erótico se encuentra también en diversos artículos y, en forma más amplia, en *La justificación del bien*.
[15] Ver S. SOLOVIEV, *op.cit.,* 314.
[16] V. SOLOVIEV, "Dukhovnyje osnovy zizni" (*Los fundamentos espirituales de la vida*)... en *ed. cit.,* III, 301.

to con sus cualidades propiamente reales también a través de la *idea* que nos hacemos de ellas" [17].

El amor es una de esas realidades esenciales para la vida del hombre. A través del significado que le damos nos condenamos o nos salvamos. De este modo, la atracción erótica, ya desde su inicio, pone al hombre ante la necesidad de una interpretación. Para Soloviev se trata de "la cuestión sobre la *cualidad* principal del camino de la vida, es decir, qué imagen y qué semejanza adoptará el hombre y de cuál se separará" [18]. Aunque sea en sí irreducible al instinto o a la pasión, Soloviev observa que la atracción erótica puede no ser interpretada y vivida según su verdad intrínseca. Nuestro autor condena un acercamiento simplista al amor humano, porque lo que conduce a "una idea simple del amor termina en esa última y absoluta simplificación llamada muerte" [19]. Este fin inevitable y no satisfactorio del amor simple nos empuja a buscar otro fin más complejo, porque, según Soloviev, "el amor [...] exige un análisis y una investigación plenamente consciente en que debemos preocuparnos no de la simplicidad sino de la verdad" [20].

Lo que pretende hacer Soloviev es encontrar un nexo intrínseco entre la verdad y el amor, "pues por significado de un objeto entendemos su nexo interior con la verdad universal" [21]. No se trata de ver cómo las personas viven la atracción erótica, sino del porqué del *eros*, de la finalidad a la que debe conducir y que no es sino Aquel que ha creado la misma atracción erótica, Dios mismo.

---

[17] V. SOLOVIEV, "Sud'ba Puškina" (*El destino de Puškin*), ... en *ed. cit.*, IX, 33.

[18] V. SOLOVIEV, "Ziznenaja dramma Platona" (*El drama de la vida de Platón*), ... en *ed. cit.*, IX, 231.

[19] Ver p. 95 de la presente edición.

[20] Ver p. 95 de la presente edición.

[21] Ver p. 122 de la presente edición. La finalidad de la filosofía es precisamente esta. En la defensa de su tesis doctoral, Soloviev presentaba esta tarea definiéndola como una forma de establecer la unidad común o el sentido de todo lo que existe siguiendo el método de la libre investigación de todos los elementos de la conciencia.

Lo que ha captado Soloviev en la visión de la *Sofía*, la idea de la unidad del todo, la experimenta el hombre en la visión inicial del amor sexual. En la experiencia amorosa, el hombre que ha visto a la amada en su conexión con Dios, en su belleza, ha visto precisamente esa belleza de la Unitotalidad, de lo Eterno Femenino. Y este amor sexual, que sin embargo va a requerir la fe y el amor casto y constante para realizarse, despliega ya la verdad del otro, y también la verdad de todo el universo. Una de las grandes contribuciones de Soloviev es precisamente haber mostrado la capacidad cognoscitiva del amor[22]. Ya en sus obras del primer periodo Soloviev señala los límites de esa doctrina filosófica que considera la razón como fuente exclusiva o principal de todo el conocimiento. Soloviev consigue mostrar que solo la razón iluminada por el amor puede ver la verdad y la belleza del otro.

Gracias al amor sexual el hombre descubre también en sí mismo la necesidad de ser para el otro, de salir de su egoísmo, rompiéndolo, para entender que existe un otro verdaderamente digno de ser amado. La belleza del otro es una sorpresa maravillosa capaz de seducir el corazón del hombre, que perecería si no en su egoísmo, y que lo abre a la verdad de sí mismo y del otro. Es propio del amor erótico entre dos individuos sexualmente diferentes que la unidad se presente como algo posible, esperable, atrayente, tal vez porque refleja la unidad más grande que existe, la unidad de las personas Divinas en la Trinidad. El amor permite al hombre conocer la verdad de la otra persona, porque ve a esa persona ya transformada, la ve en su última potencialidad, la ve con los ojos de Dios y se goza en su belleza.

En el amor sexual verdadero (es decir, en ese amor integral que sabe darse en cuerpo y alma, que presupone la diferencia sexual y está animado por la gracia de Cristo), los cónyuges participan con

---

[22] Ver J. NORIEGA, "Amor y salvación en Vladimir Solov'ëv", en G. MARENGO – B. OGNIBENI, *I dialoghi sul mistero nuziale* (Roma 2003) 205-215.

su interacción del amor de Cristo, recibiendo el don de su Espíritu. El acto del amor erótico es el testimonio del amor de Cristo por la Iglesia y así los esposos se convierten en instrumentos vivos de la gracia del don de Cristo que perfecciona a su Esposa.

Esta afirmación de que la idea de la Unitotalidad se realiza y se encarna sobre todo en el amor sexual subraya la colaboración libre del hombre en la realización de esta idea unitotal que no es en absoluto el simple "apriorismo que pone al hombre ante un discurso cerrado que él debe solo recitar mecánicamente" [23]. El amor permite que el hombre se comprenda como colaborador en la viña del Señor, colaborador de su reino en la santificación y la divinización de la materia. El amor abre un camino de novedad esplendente. Por una parte es una restauración, porque es un nuevo despertar del deseo de integridad como unidad consigo mismo, con el otro y con Dios; por otra parte, el amor es también una novedad de vida, porque el hombre como agente libre construye y da significado a su actuar.

De este modo, la tarea que el amor sexual manifiesta en su fase inicial es ser fiel a la visión intuida, construir la comunión, engendrar la belleza, es decir, dejar que Dios brille en el otro, en su cuerpo y en su carne transfigurada.

b. El cuerpo espiritualizado. El amor que engendra en la belleza

La finalidad del *eros* es engendrar en la belleza, decía Platón. La finalidad del amor erótico es engendrar en la belleza, comunicar la vida verdadera y vencer la muerte, retoma y explica Soloviev. ¿Por qué conectan ambos el *eros* con la belleza?

En el origen de los escritos de Soloviev sobre la belleza está el deseo de verla dentro de una unidad. "La plena verdad del mundo

---

[23] A. DELL'ASTA, "Introduzione", en V. SOLOV'ËV, *Il significato dell'amore e altri scritti* (Milano 1983) 29.

está en su unidad viva, como un cuerpo espiritualizado y *teóforo*. En esto consiste la verdad del mundo y también de su belleza. Cuando la variedad de los fenómenos sensibles se amalgama en la unidad, entonces percibimos esa armonía invisible como belleza"[24].La belleza es una armonía, el fruto de un cumplimiento, la realización efectiva de la Unitotalidad. La belleza, por tanto, está en el mundo material que conduce a Dios; el mundo *teóforo* es bello. "Una realidad aislada es fea, pero se vuelve bella cuando comienza a dejar traslucir una realidad superior"[25]. La finalidad del *eros* es crear en la belleza, hacer que la verdad del mundo, la imagen de Dios, brille plenamente, unir al hombre con Dios, dejar traslucir la imagen de Dios y restaurarla. Con otras palabras, la finalidad del *eros* es crear un puente entre el superior y el inferior, entre lo mortal y lo inmortal. La separación entre cuerpo y espíritu es una de las grandes disgregaciones que es necesario vencer. La corporeidad de la que habla Soloviev es la corporeidad transfigurada, guiada por el espíritu, la corporeidad que expresa a la persona, que deja traslucir el espíritu.

Para Soloviev la belleza es la transformación de la materia, la encarnación del espíritu, es la unidad espiritual realizada. El amor verdadero no se basa en la falsa espiritualización gnóstica de la liberación del cuerpo; más bien, la espiritualidad auténtica es la regeneración, la salvación y la resurrección del cuerpo. La realización del amor, la realización de la Unitotalidad no es un idealismo abstracto fuera de la realidad. El amor sexual por su misma naturaleza es amor que involucra absolutamente al cuerpo.

Pero no puede entenderse la idea del amor sexual y de la carne espiritualizada sin la reflexión de Soloviev sobre la virtud de la

---

[24] V. SOLOVIEV, "Dukhovnyje osnovy zizni" (*Los fundamentos espirituales de la vida*)… en *ed. cit.*, III, 376-377.

[25] M. TENACE, "L'integrazione nello Spirito. La bellezza come unità spirituale", in AA. Vv. *A partire dalla persona. Una teologia per la nuova evangelizzazione* (Roma 1994) 84; véase también la monografía de la misma autora, *La bellezza, unità spirituale* (Roma 1994).

castidad. La verdad del amor, que exige la reconstrucción del cuerpo espiritualizado, tiene necesidad de la virtud que integra y ordena los diversos niveles del hombre, tanto con respecto a sí como con respecto a los demás. La palabra rusa *tzelomudrie*, traducida frecuentemente como castidad, encierra una riqueza grande que vale la pena desplegar. Se compone de dos palabras, *tzelyj* (entero, indiviso, integral) y *mudrije* (derivado de *mudrost'*, que significa sabiduría, sagacidad); *tzelomudrie* significa por tanto la sabiduría de la totalidad o integridad del ser, la *sabiduría integral*.

La castidad fundada sobre el amor se convierte en amor integral o en sabiduría integral. La preocupación de la castidad es el otro, y la integridad del sujeto es percibida como el único modo justo para amar al otro. Sería aquí posible decir que mientras que la preocupación del ascetismo puro es uno mismo, la preocupación de la castidad es el otro. La sabiduría integral incluye la integridad de tres niveles en el hombre: el cuerpo, el intelecto y el corazón; pero incluye también la integridad de los tres niveles relacionales: la unidad e integridad con los otros, con sí mismo y con Dios.

Esta castidad hace ver al otro en su integridad, como cuerpo y alma, no fragmenta su visión, sino que sabe verlo en su plenitud. La castidad es también sabiduría integral porque integra todos los dinamismos afectivos del hombre, su cuerpo y su razón, para el bien del amor y de la comunión. Es una triple integración que es sabia solo en su referencia a Dios. Los ojos del amor verdadero, es decir, del amor iluminado por la *tzelomudrie*, ven al amado en Dios. El amor es sabio cuando está integrado, en sí, con los otros y con Dios. De este modo, la sabiduría integral requiere y necesita de las demás virtudes, especialmente de la Caridad.

El fundamento de esta concepción del amor casto está en una visión nueva de la corporeidad y de su sentido. Para Soloviev, "el amor sexual por su misma naturaleza tiene siempre como objeto la corporeidad. Pero esta corporeidad, que es digna del amor, es decir, que es bellísima e inmortal, no crece sola desde la tierra y no cae ya perfecta desde el cielo, sino que es alcanzada con un acto erótico que es el acto espiritual-físico y divino-humano" [26].

c. La divino-humanidad como "el principio y la finalidad" del amor sexual

Las exigencias del amor humano son tan grandes que el *eros* es solo capaz de intuirlas y desearlas. La castidad implica vivir una vida divino-humana, la vida humana que se transforma en fuente de la vida divina purificante, ardiente y luminosa. Esa *divino-humanidad* que Soloviev encuentra en Platón solo oscuramente "en la intuición del *Eros* como fuerza mediadora entre la naturaleza Divina y Humana" [27] es la condición esencial para que el amor sexual sea vivido en su plenitud. *Eros* abre sin duda un vasto horizonte, pero muestra también que en sí mismo no es capaz de alcanzar lo que promete; el abismo entre lo que ha sido visto y lo que es posible obtener resulta inmenso.

En el evento de la encarnación Soloviev ha descubierto la respuesta viva a ese deseo del amor erótico que consiste en tocar las estrellas, porque ha sido Dios, el mismo Dios que ha creado al hombre, a la mujer y esa atracción que los une, quien ha mostrado que este amor puede ser llevado a su fin. Cristo, en quien Dios ha creado ese puente entre él mismo y el hombre, ha hecho posible lo que *Eros* buscaba en solitario. Cristo es el cumplimiento de la promesa de plenitud que hombre y mujer encuentran en su experiencia del amor. El acto de la colaboración entre Dios y el hombre, las virtudes, el acto heroico de amar, todo esto es posible solo porque Otro ha realizado la plenitud del amor. En el amor

---

[26] V. SOLOVIEV, "Ziznenaja dramma Platona" (*El drama de la vida de Platón*), ... en *ed. cit.*, IX, 234.

[27] V. SOLOVIEV, "Ziznenaja dramma Platona" (*El drama de la vida de Platón*), ... en *ed. cit.*, IX, 235.

sexual verdadero, el puente construido por el *Eros* se encuentra con el puente del amor, que Dios mismo ofrece al hombre en la persona de Cristo. Y así Cristo llena el abismo entre Dios y el hombre, convirtiéndose en camino para llegar a Dios.

El *Eros* verdadero es divino-humano, dice Soloviev, y puede alcanzar la plenitud mediante el amor del Dios-hombre, mediante el cuerpo espiritualizado y divinizado por excelencia, porque Dios mismo se ha unido con la naturaleza humana. Y así, Él mismo salva el deseo del *Eros*, conduciéndonos a la plenitud y a la felicidad.

La divino-humanidad de Cristo es el camino para llegar a ser hombre, es el camino del amor. El cuerpo espiritualizado y divinizado que al mismo tiempo es cuerpo humano, recibe su perfección en la libre y plena entrega de sí al Padre en el Espíritu del amor para la santificación de su Iglesia hasta la muerte. Este es el amor que lleva a la resurrección y a la regeneración.

¿No es acaso esto precisamente lo que viven los esposos siguiendo y amando a Cristo? ¿No es acaso este don precioso y singular de su amor lo que reciben cuando se aman y se donan en la vida conyugal? Y ¿en qué consiste este don sino en el don del Espíritu Santo que mediante el amor integral de la *tzelomudrie* recíproca de los esposos los une a Dios mismo, los configura con Cristo, de modo que su amor mutuo se convierte en el verdadero amor del Esposo por la Iglesia en el Espíritu ofrecido al Padre? Esta configuración, esta apertura que los esposos viven en medio de las dificultades de la vida, hace que su camino sea guiado por el Espíritu, configurado con Cristo y conducido al Padre. "La humanidad está llamada a… llegar a ser una activa obra de Dios (*teurgia*), es decir, una acción común de la Divinidad y de la humanidad capaz de transformar a esta última de humanidad carnal o natural en una humanidad espiritual y divina. No se trata aquí de una creación de la nada, sino de una recreación o transustanciación de la materia en espíritu, de la vida carnal en vida divina" [28]. La divinización, el cuerpo santificado y espiritualizado, es la belleza de la persona realizada ya en esta tierra; y no implica solo a la pareja, sino que se convierte en canal del agua viva para toda criatura, para toda la materia creada que aspira a la unidad con su creador.

"La belleza salvará el mundo", decía Dostojevskij. Si la belleza es la materia transformada y vivificada por el espíritu, "la unidad espiritual" que es la expresión más grande del Amor, y si la finalidad del amor verdadero entre el hombre y al mujer es precisamente hacernos semejantes a Aquel que tiene en sí la belleza absoluta, podemos entonces decir también, con Soloviev y Dostojevskij: "el amor salvará el mundo".

---

[28]   V. Soloviev, "Dukhovnyje osnovy zizni" (Los fundamentos espirituales de la vida)... en ed. cit., III, 376-377.

EL
SIGNIFICADO
DEL AMOR

V. SOLOVIEV

CAPÍTULO I
Observaciones preliminares
[AMOR Y PROCREACIÓN] [1]

[1] Los títulos entre corchetes no están en el original ruso; se introducen en esta edición española como ayuda para la lectura [Ndt].

1. [Reproducción y sexualidad]

Normalmente, el significado del amor sexual se sitúa en la reproducción de la especie, a la que debe servir como medio. Yo considero falsa esta opinión, no solo en virtud de ciertas consideraciones ideales, sino sobre todo a causa de los hechos histórico-naturales. Que la reproducción de los seres vivos pueda darse sin el amor sexual resulta ya claro por el hecho de que puede darse sin la misma diferenciación de los sexos. Una parte considerable de organismos, tanto del reino vegetal como del animal, se reproduce de forma asexuada, por escisión y gemación, a través de esporas e injertos. Es verdad que las formas superiores de ambos reinos orgánicos se reproducen de forma sexuada. Pero, en primer lugar, los organismos que se reproducen de este modo, tanto los vegetales como, en parte, los animales, *pueden* reproducirse también de forma asexuada (por injerto en las plantas y por partenogénesis en los insectos superiores) y, en segundo lugar, aun prescindiendo de este hecho y aceptando como regla general que los organismos superiores se reproducen a través de la unión sexual, debemos concluir que este factor sexual está vinculado no con la reproducción en general (que puede realizarse también independientemente de dicho factor) sino con la reproducción de los organismos *superiores*. Por tanto, el significado de la diferencia sexual (y del amor sexual) debe buscarse no en relación con la idea de la vida de la especie y su reproducción, sino únicamente con la idea del organismo superior.

Encontramos una sorprendente confirmación de todo esto en un hecho de gran relevancia. En el ámbito de los animales que

se reproducen exclusivamente de forma sexuada (es decir, en el
tipo de los vertebrados), cuanto más nos elevamos en la escala
de los organismos, tanto más disminuye la capacidad reproductiva y tanto más aumenta, por el contrario, la fuerza de la atracción
sexual. En una clase inferior de este tipo, los peces, la reproducción se verifica en cantidades enormes: cada hembra depone
anualmente millones de huevos que son fecundados por el macho *fuera* del cuerpo de la hembra; ahora bien, el modo en que
esto se verifica no deja siquiera suponer la presencia de una
fuerte atracción sexual. Entre todos los animales vertebrados, esta clase de animales de sangre fría se reproduce sin duda más
que cualquier otra y, al mismo tiempo, manifiesta entre todas la
medida menor de cualquier tipo de forma de pasión amorosa.
En el escalón sucesivo, es decir, en las clases de los anfibios y los
reptiles, la reproducción es mucho menos numerosa que en los
peces, aunque para alguna de sus especies estas clases sean
contadas en la Biblia, y no sin fundamento, entre los seres que
"abundan con abundancia" (*sceretz scirtzu*) [Gen 1,20]; pero, en
estos animales, junto a una disminuida capacidad reproductiva,
encontramos ya relaciones sexuales muy estrechas… Entre los
pájaros la capacidad reproductiva es mucho menor no solo que
la de los peces, sino también, por ejemplo, que la de las ranas,
y sin embargo la atracción sexual y el afecto recíproco entre el
macho y la hembra alcanzan una intensidad que no se encuentra en absoluto en las dos clases precedentes. Entre los mamíferos, los que son vivíparos, la reproducción es significativamente
más limitada que entre los pájaros, y sin embargo la atracción sexual, aunque la mayor parte de las veces sea menos constante,
es por el contrario mucho más intensa. Por último, parangonado
a todo el reino animal, el hombre tiene la capacidad reproductiva más limitada, y sin embargo el amor sexual alcanza en él su
mayor altura y su fuerza más intensa, uniendo en su grado máximo la constancia de las relaciones (típica de los pájaros) con la

intensidad de la pasión (típica de los mamíferos). Y así, resulta que el amor sexual y la reproducción de la especie tienen *una relación inversamente proporcional*: cuanto más fuerte es el uno, tanto más débil es la otra.

Desde el punto de vista considerado, todo el reino animal se desarrolla generalmente en el orden siguiente. En las regiones inferiores, a una inmensa capacidad reproductiva acompaña la absoluta carencia de cualquier fenómeno que pueda en cierto modo ser parangonado con el amor sexual (y de hecho está totalmente ausente también la misma diferenciación sexual); luego, en los organismos más perfectos, se manifiesta la diferenciación sexual y, por tanto, una cierta atracción sexual que al comienzo es particularmente débil y que aumenta después en los escalones sucesivos del desarrollo orgánico a la par que disminuye la capacidad reproductiva (es decir, en relación directa con la perfección alcanzada por los organismos y en relación inversa con la capacidad reproductiva), por último, llegando al fin a la cima, en el hombre es posible la máxima intensidad de amor sexual incluso en la total ausencia de la reproducción. Por consiguiente, si en los dos extremos de la vida animal encontramos, de una parte, la reproducción sin ningún amor sexual y, de otra parte, el amor sexual sin reproducción alguna, resulta absolutamente claro que estos dos fenómenos no pueden estar inseparablemente vinculados entre sí; está claro que cada uno de ellos tiene un significado propio autónomo y que el sentido de uno de ellos no puede consistir en ser medio para la actuación del otro.

Al mismo resultado se llega si se considera el amor sexual solo en el mundo humano, donde asume más agudamente que en el mundo animal este carácter individual gracias al cual *una persona específica y concretamente determinada* del otro sexo viene a asumir para el amante un valor absoluto como ser único e insustituible, como fin en sí.

2. [Aportación del sentimiento amoroso]

Nos encontramos aquí con esa teoría muy difusa que, considerando el amor sexual genéricamente como un utensilio del instinto de la especie, o como un instrumento para la reproducción, trata en concreto de explicar la individualización del sentimiento amoroso en el hombre convirtiéndolo en una astucia o una seducción empleada por la naturaleza o por la voluntad universal para alcanzar sus fines específicos. En el mundo humano, donde las particularidades individuales asumen un valor inmensamente más grande del que es posible en el reino animal y en el vegetal, la naturaleza (o la voluntad universal, la voluntad de vida o el espíritu universal inconsciente o supraconsciente) tiende no solo a la conservación de la especie sino también a la realización, dentro de sus confines, de todos los posibles tipos particulares y de los caracteres individuales. Pero a parte de esta tarea general, consistente en la producción de la mayor variedad posible de formas, la vida de la humanidad, entendida como proceso histórico, tiene también la tarea de elevar y de perfeccionar la naturaleza humana. Para dicha finalidad se hace necesaria no solo la existencia de la variedad más amplia posible de ejemplares humanos, sino también la aparición de los ejemplares *mejores* que no tienen solo un valor en sí, como tipos individuales, pues su valor depende también de una actuación dirigida a elevar y perfeccionar a los demás. Así, en la reproducción de la especie humana, esa fuerza (sea cual sea el nombre que le demos) que dirige el proceso universal e histórico se preocupa no solo de hacer nacer ininterrumpidamente individuos humanos cualesquiera, sino también de hacer nacer individualidades *bien determinadas* y, en la medida de lo posible, significativas. Mas para hacer esto no es ya suficiente la simple reproducción obtenida a través de la unión casual e indiferente de individuos de sexo diverso; para una generación individualmente determinada se hace necesaria la unión de reproductores individualmente *determinados*, mientras que se revela por tanto insuficiente la atracción sexual genérica que sirve para la reproducción de las especies en los animales. Dado que en la humanidad se trata no solo de generar una descendencia cualquiera, sino también de generar una descendencia *bien determinada*, a saber, la más provechosa para los fines universales, y dado que una cierta persona puede generar esta descendencia específica no con una persona cualquiera del otro sexo, sino solo con una persona precisa, resulta por tanto que solo esta persona debe tener para la primera una fuerza de atracción particular y parecerle algo exclusivo, insustituible, único y capaz de darle la más suprema felicidad. Ésta es precisamente la individualización y la exaltación del instinto sexual que diferencian el amor humano del animal, pero una y otra se producen en nosotros gracias a una fuerza que nos es extraña aunque sea superior, y son producidas con finalidades típicas de esta fuerza pero extrañas a nuestra conciencia personal, es decir, vienen producidas como una pasión irracional y fatal que se apodera de nosotros y que desaparece luego como un espejismo cuando no es ya necesaria [2].

Si esta teoría fuese verdadera, si la individualización y la exaltación del sentimiento amoroso tuvieran todo su significado, su única causa y su única finalidad fuera de este sentimiento, es decir, en aquellas características de la descendencia que son necesarias para los fines universales, se seguiría lógicamente que el grado de esta individualización y exaltación amorosa, a saber, la fuerza del amor, debería ser directamente proporcional a la cate-

---

[2] He expuesto aquí el contenido esencial de una doctrina que rechazo; obviamente no me he podido detener en las diversas variantes secundarias que ésta asume en Schopenhauer, Hartmann ecc. En una obra publicada recientemente, *Osnovnoj dvigatel' nasledstvennosti* (El motor fundamental de la herencia), Moscú 1891, Walter trata de provar con hechos históricos que los grandes hombres son fruto de amores particularmente apasionados.

goría y a la importancia de la descendencia que se deriva; cuanto más grande fuera el valor de la descendencia, tanto más intenso debería ser el amor de los padres y, viceversa, cuanto más intenso fuera el amor que une a dos determinadas personas, tanto
más grande debería ser el valor de la descendencia que se espe-
ra de ellos, según esta teoría. Si, en línea general, el sentimiento
amoroso viene suscitado por la voluntad universal dirigida precisamente a la descendencia que le es necesaria y si es solo un
medio para producir esta última, sería entonces necesario que,
en cada caso particular, la fuerza del medio utilizado por el motor
cósmico fuera proporcional al valor de la finalidad que con él
quiere alcanzar. Cuanto más grande sea el interés que la voluntad
universal pone en el producto que debe dar a luz, tanto más intensa será la atención que pondrá en atraer y unir a los dos indispensables reproductores. Supongamos que se trate de hacer nacer un genio de dimensiones universales, destinado a tener una
enorme importancia en el proceso histórico. Evidentemente, la
fuerza suprema que dirige este proceso debe poner en semejante nacimiento un interés tanto más grande respecto al resto de
los nacimientos, cuanto más rara es la aparición de semejante genio universal respecto a la de los comunes mortales, y, por tanto,
tanto más grande de lo habitual debe ser la atracción sexual a través de la cual la voluntad universal (siempre según esta teoría) se
asegura en este caso de alcanzar un fin tan excepcionalmente
importante para ella. Ciertamente, los defensores de esta teoría
pueden rechazar la idea de una proporcionalidad cuantitativa-
mente exacta entre la importancia de una determinada persona y
la intensidad de la pasión que ha unido a sus reproductores,
puesto que una materia como esta no consiente medidas exac-
tas; pero (desde el punto de vista de esta teoría) está absolutamente fuera de discusión el hecho de que si la voluntad universal está *extraordinariamente interesada* en el nacimiento de una
determinada persona, debe tomar *medidas extraordinarias* para

asegurarse el resultado deseado, a saber, según el sentido global de esta teoría, debe hacer nacer en los reproductores una pasión *extraordinariamente intensa*, capaz de eliminar todos los obstáculos que se opongan a su unión.

En realidad, sin embargo, no encontramos ninguna similitud, no encontramos ninguna correlación entre la intensidad de la pasión amorosa y el valor de la prole. Ante todo, nos topamos con un hecho que para esta teoría resulta absolutamente inexplicable: el amor más grande termina muy frecuentemente por no encontrar correspondencia y no solo es que no dé grandes frutos sino que no da ninguno. Si además como consecuencia de semejante amor algunos se encierran en un monasterio y otros acaban por suicidarse, ¿por qué la voluntad universal, tan preocupada en tener una determinada descendencia, se habría agotado tanto en casos como estos? Incluso si el fogoso Werther [3] no se hubiera suicidado, su infeliz pasión habría continuado siendo de todos modos un enigma insoluble para la teoría que ve la razón de la pasión en la calidad de la descendencia. El amor tan extraordinariamente individualizado y profundo de Werther por Carlota [4] demostraba (desde el punto de vista de esta teoría) que precisamente él debía generar una descendencia de Carlota particularmente necesaria e importante para la humanidad, dado que precisamente por esto la voluntad universal había hecho nacer en él una pasión tan extraordinariamente inusual. Pero, ¿cómo explicar entonces que esta voluntad omnisciente y omnipotente no haya sabido y no haya podido obrar en este mismo sentido también sobre Carlota, sin cuyo consentimiento la pasión de Werther resultaba totalmente vana e

---

[3] Para ilustrar mi razonamiento, aquí y en otras partes, emplearé sobre todo ejemplos tomados de las grandes obras poéticas. Estos son preferibles a los ejemplos tomados de la vida concreta porque no nos presentan fenómenos singulares sino verdaderos y auténticos arquetipos.

[4] Werther y Carlota son los protagonistas del *Werther* de Johann Wolfgang Goethe [Ndt].

inútil? Para una sustancia que obra teleológicamente cada *love's labour lost*[5] es una perfecta absurdidad.

El amor particularmente fuerte resulta en la mayor parte de los casos un amor infeliz, y el amor infeliz lleva muy frecuentemente al suicidio, en las formas más diversas; y cada uno de estos numerosos suicidios desmiente netamente la teoría según la cual un amor fuerte se enciende solo para producir a toda costa una descendencia cuyo valor sea proporcional al solicitado por la fuerza de este amor; en realidad, sin embargo, en todos estos casos, la fuerza del amor excluye precisamente la posibilidad misma no solo de una descendencia de un cierto valor, sino de una descendencia cualquiera.

Los casos del amor no correspondido son demasiado frecuentes para poder ser considerados como excepciones despreciables. Pero incluso si así fuera, esto sería de bien poca ayuda para la teoría considerada, pues incluso en aquellos casos en los que el amor se revela particularmente fuerte en ambas partes, este mismo amor no lleva al fin supuesto por la teoría. Según la teoría, Romeo y Julieta, a causa de la gran pasión que los unía, habrían debido engendrar un hombre excepcionalmente grande, por lo menos un Shakespeare, pero en realidad, como todos saben, sucedió precisamente lo contrario: no fueron ellos quienes crearon un Shakespeare, como habría pedido la teoría, sino que fue Shakespeare quien creó a uno y a otra y los creó además sin pasión alguna, con una forma de creación asexuada. Romeo y Julieta, como la mayor parte de los amantes apasionados, murieron sin dar a luz a nadie, mientras que Shakespeare, que los creó, nació, como otros grandes hombres, no de una pareja locamente enamorada sino de un matrimonio mediocremente ordinario (y él mismo, aunque haya experimentado una fuerte pasión amoro-

---

[5] *Pena del amor malgastada*, en referencia al título de una comedia teatral de William Shakespeare [Ndt].

sa, como se ve entre otras cosas en sus sonetos, no engendró por esto sin embargo una prole excepcional). El nacimiento de Cristóbal Colón fue quizás para la voluntad universal incluso más importante que el nacimiento de Shakespeare, pero no sabemos nada sobre una cierta pasión particular entre sus padres; es conocida, sin embargo, su intensa pasión por doña Beatriz Enríquez; y con todo, aunque de ella nació su hijo ilegítimo Diego, es necesario decir que este hijo no hizo nada grandioso sino escribir una biografía del padre que habría podido escribir cualquier otra persona.

Si todo el significado del amor consiste en la descendencia y existe una fuerza superior que dirige la cuestión amorosa, ¿por qué entonces esta fuerza, en vez de facilitar la unión de los amantes, hace al contrario todo lo posible para obstaculizar esta unión, casi como si su tarea consistiera precisamente en excluir a toda costa la posibilidad misma de que estos auténticos amantes tengan una descendencia? Esta fuerza, por un fatal equívoco, los obliga a sepultarse en la tumba familiar, los hace ahogarse en el Elesponto [6] y se conjura con todas las mediaciones para conducirlos a una muerte prematura e infecunda. Pero incluso en los casos raros en los que un gran amor no tiene un trágico destino y la pareja de amantes vive felizmente hasta la ancianidad, su amor resulta con todo estéril. La infalible intuición poética de esta realidad condujo a Ovidio y Gogol [7] a negar una descendencia tanto a Filemón y Bauci [8], como a Afanasij Ivanovič y Pul'cherija Ivanovna [9].

---

[6] Alusión a la trágica suerte de Ero y Leandro, del mito griego narrado por Ovidio [Ndt].

[7] Se refiere a Nikolaj Vasil'evič Gogol' (1809-1852), escritor y dramaturgo ruso de origen ucraniano [Ndt].

[8] La leyenda mitológica de Filemón y Bauci se encuentra en el octavo libro de la *Metamorfosis* de Ovidio [Ndt].

[9] Afanasij Ivanovič y Pul'cherija Ivanovna son los dos protagonistas de la novela de Gogol titulada *Starosvetskie pomeschiki (Propietarios a la antigua)*, en el primer volumen de la colección *Mirgorod* [Ndt].

Es imposible establecer una relación directa entre la fuerza del amor individual y el valor de la prole, cuando la existencia misma de una prole, dentro de un amor como este, es solo una extraña casualidad. Como hemos visto, 1. un amor fuerte resulta muy frecuentemente no correspondido; 2. una gran pasión correspondida conduce a un trágico desenlace sin llegar a engendrar una descendencia; 3. un amor feliz, incluso cuando es muy fuerte, resulta normalmente infecundo. Pero también en los extraños casos en los que un amor particularmente intenso engendra una descendencia, esta se revela del todo común. Como regla general, casi sin excepciones, se puede concluir que la particular intensidad del amor sexual o no implica descendencia alguna en absoluto, o implica solo una cuyo valor no corresponde en modo alguno con la intensidad del sentimiento amoroso y con el carácter excepcional de las relaciones producidas por él.

Poner el significado del amor sexual en la procreación de una prole conforme a una determinada finalidad implica ver este significado solo allí donde el amor está del todo ausente y privarlo de todo significado y de toda justificación allí donde existe [10]. Esta seductora teoría del amor, confrontada con la realidad, se revela no como una explicación sino, al contrario, como la renuncia a toda explicación.

3. [El amor sexual frente a los procesos y fines históricos]

La fuerza que guía la vida de la humanidad, fuerza que algunos llaman voluntad universal y otros espíritu inconsciente, mientras que es en realidad la Providencia Divina, regula sin duda el nacimiento

---

[10] El término "justificación" (*opravdanie*) se deriva de una palabra rusa que puede traducirse por "verdad" (*pravda*), abarcando el campo semántico de otros términos como justicia o rectitud. La justificación de cualquier cosa solo es posible, por tanto, en su relación con la verdad [Ndt].

de las personas providenciales necesarias para sus fines en tiempos oportunos, predisponiendo a través de una larga serie de generaciones las uniones entre los progenitores que son necesarias para el nacimiento de las generaciones de un futuro no solo inmediato sino también extremamente remoto. Para esta providencial selección de los antepasados se utilizan los medios más diversos, pero el amor en su auténtico significado, es decir, como atracción sexual exclusiva, individualizada y exaltada no está comprendido entre estos medios. La historia bíblica, con su realismo tan verdadero y profundo que no excluye el significado ideal de los hechos sino que lo encarna en sus particularidades empíricas, la historia bíblica, decía, nos suministra en este caso, como siempre, por otro lado, un testimonio verdadero e instructivo para todo hombre que esté dotado de sentido histórico y artístico, al margen de sus convicciones religiosas.

El hecho central de la historia bíblica, el nacimiento del Mesías, presupone más que cualquier otro un plan providencial en la elección y en la unión de los diversos progenitores, y de hecho el interés principal de los relatos bíblicos se concentra en los diversos y extraordinarios sucesos que condujeron al nacimiento y al hallazgo de los "progenitores de Dios" [11]. Pero en todo el complejo sistema de los medios que determinaron en el orden fenoménico la historia del nacimiento del Mesías no hay lugar para el amor en el sentido propio de la palabra; éste evidentemente se encuentra en la Biblia, pero solo como hecho autónomo y no como estructura en el proceso cristogónico. Las Sagradas Escrituras no dicen si Abraham tomó a Sara como mujer por un amor apasionado [12], pero en todo caso la Providencia esperó a que este

---

[11]   Se llama así en la lengua litúrgica sobre todo a los santos Joaquín y Ana, pero algunas veces los autores eclesiásticos atribuyen este nombre también a los antepasados de la Madre de Dios.

[12]   Esto parece poder excluirse si se considera el famoso episodio acaecido en Egipto, que no habría sido psicológicamente posible si se tratara de un gran amor (Ndt: el autor se refiere a Gen 12,10-20).

amor se hubiera enfriado totalmente para hacer nacer de progenitores centenarios a aquel que sería el hijo de la fe y no del amor. Isaac tomó por mujer a Rebeca no por amor sino como consecuencia de un plan y una decisión precedentemente predispuesta por su padre [13]. Jacob amó a Raquel, pero este amor se reveló inútil para la generación del Mesías. Este descendería de un hijo de Jacob, Judá, nacido no de Raquel sino de la no amada, Lía [14]. Para que de esa generación específica naciera un antepasado del Mesías era indispensable precisamente la unión de Jacob con Lía; pero para realizar esta unión la Providencia no suscitó en Jacob ninguna fuerte pasión amorosa por la futura madre de Judá, el "progenitor de Dios". Sin violentar la libertad de sus sentimientos, la fuerza suprema permitió que Jacob amara a Raquel, mientras que para su necesaria unión con Lía se sirvió de un medio de otro género bien diverso, a saber, de la astucia calculadora de una tercera persona, Labán, totalmente guiada por los propios intereses familiares y económicos [15]. El mismo Judá, para continuar la serie de los antepasados del Mesías, aunque había tenido ya precedentemente una propia descendencia, debía unirse con su nuera, Tamar [16]. Dado que una unión como esta no era concebible en absoluto dentro del orden habitual de las cosas y no podía realizarse en circunstancias normales, tal fin se alcanzó a través de una aventura muy extraña y extremadamente atractiva para los lectores superficiales de la Biblia [17]. Pero a propósito de esta aventura no se puede ni siquiera de lejos hablar de amor. Y no fue ciertamente el amor lo que unió a Rajab, la meretriz de Jericó, con el espía hebreo; ella, en un primer tiempo, se entregó a él por profesión, y solo después esta unión casual se vio reforza-

---

[13] Cf. Gen 24 [Ndt].
[14] Cf. Gen 29,35 y ver Mt 1,3 [Ndt].
[15] Cf. Gen 29,20-30 [Ndt].
[16] Cf. Mt 1,3 [Ndt].
[17] Cf. Gen 38 [Ndt].

da por la fe de la mujer en la potencia del nuevo Dios y por el deseo de obtener la protección para sí misma y para los suyos [18]. Del mismo modo, no fue el amor lo que unió al bisabuelo de David, el viejo Booz, con la joven moabita, Rut, y Salomón no nació de un amor auténtico y profundo sino de un capricho casual y pecaminoso del anciano rey David [19].

En la historia sagrada, como en cualquier otra historia, el amor sexual no es nunca un medio o un instrumento para alcanzar determinados fines históricos; no está nunca al servicio del género humano. Por esto, cada vez que nuestro sentimiento subjetivo nos dice que el amor es un bien autónomo, que tiene un propio e incondicionado valor para nuestra existencia personal, a este sentimiento corresponde un hecho preciso también en la realidad objetiva, el hecho de que un gran amor individual no es nunca un instrumento al servicio de la especie y de sus fines que vienen por el contrario alcanzados prescindiendo del amor. En la historia general, y también en la historia sagrada particular, el amor sexual (en el sentido propio de la palabra) no tiene ningún papel y no ejerce una acción directa sobre el proceso histórico; su significado positivo debe buscarse en la propia raíz de la existencia individual.

Pero, ¿cuál será entonces su significado en esta existencia?

---

[18] Cf. Jos 2 y ver Mt 1,5 [Ndt].
[19] Cf. Rut 3-4; 2Sam 11 y ver Mt 1,5-6 [Ndt].

CAPÍTULO II

[Amor y egoísmo.
El proceso hacia la unitotalidad]

1. [Presupuesto antropológico. El hombre creado en progreso hacia la revelación suprema de sí. El papel de la conciencia]

El amor sexual es, tanto para los animales como para el hombre, el momento de máximo esplendor de la existencia individual. Pero así como en los animales la vida de la especie es decididamente más importante que la del individuo, también la más alta potencialidad de esta última vida acaba por estar al servicio exclusivo del desarrollo de la especie. Esto no significa que la atracción sexual sea solo un medio para la simple reproducción o multiplicación de los organismos, sino más bien que está finalizada a través de la rivalidad y la selección sexual a la producción de organismos *cada vez más perfectos*. Se ha querido atribuir al amor sexual este mismo significado también para el mundo humano, pero, como hemos visto, se ha hecho sin razón. De hecho, en la humanidad, el principio individual tiene un valor autónomo y no puede ser, en su más alta manifestación, un mero instrumento para fines como el del proceso histórico, que le son extraños. O más bien habría que decir que el auténtico fin del proceso histórico no es tal que la persona humana pueda servirle exclusivamente como instrumento pasivo o transitorio.

La convicción de la absoluta dignidad del hombre no se funda ni sobre una forma de presunción, ni sobre el hecho empírico de que nosotros, en el orden de la naturaleza, no conozcamos ningún otro ser más perfecto que el hombre. Su dignidad absoluta reside en esa forma (imagen) absoluta de conciencia *racional* que le es indudablemente propia. *Además* de tener conciencia (como los animales) de los estados en que se encuentra y en que se ha encontrado, *además* de percibir entre ellos un cierto nexo, *además* de prever basándose en estos nexos los estadios futuros, el hombre tiene también la capacidad de evaluar los propios estadios y las propias acciones, y cualquier hecho en general, no solo en relación con otros hechos singulares, sino también en relación con normas ideales universales; su conciencia está determinada, aparte de por los fenómenos de la vida, por la *razón de la verdad* [1]. Conformando sus propias acciones con esta conciencia superior, el hombre puede perfeccionar hasta el infinito su propia vida y su propia naturaleza, *sin escapar de los límites de la forma humana*. Precisamente por esto es el ser supremo del mundo natural y el fin real del proceso creativo universal; de hecho, prescindiendo del Ser que por sí mismo es la eterna y absoluta verdad, el único, entre todos los demás, que es capaz de conocer y de realizar en sí mismo la verdad es también ser supremo, y no en sentido relativo sino en sentido absoluto. Y ¿qué motivo razonable podría ser aducido para la creación de formas nuevas y esencialmente más perfectas si existe ya una forma capaz de un autoperfeccionamiento infinito y apta para encerrar en sí la plenitud del contenido absoluto? Con la aparición de una forma como esta, todo ulterior progreso puede consistir solo en los sucesivos grados de su evolución y no, por tanto, en su sustitución por criaturas de otro tipo o por formas de seres antes no aparecidos. Es esta la diferencia esencial entre el proceso cosmogónico y el histórico. El primero continúa

---

[1] Aquí y después el autor usa la palabra *istina*. La lengua rusa posee dos palabras que pueden traducirse por "verdad": *pravda* e *istina*. Pero mientras que el primer término vincula la verdad con la justicia y la rectitud, el segundo tiene un significado existencial y pertenece al ámbito filosófico y religioso. T. Spidlik en su obra *"La idea rusa. Otra visión del hombre"* retrotrae la etimología de la palabra *istina* al antiguo eslavo "respirar" y afirma que "para los eslavos *istina* no expresa solo lo que existe, sino lo que respira. Conocer la *istina* es por tanto entrar en contacto con una realidad viviente... La verdad no es un capital muerto, sino que inflama el alma y da vida". También cuando habla Soloviev de "individualidad auténtica", el adjetivo "auténtico" es un derivado de *istina* [Ndt].

creando (hasta la aparición del hombre) especies siempre nuevas de seres, allí donde las anteriores o bien quedan eliminadas como tentativos frustrados, o bien coexisten con las nuevas formas exteriores y se encuentran casualmente con ellas sin formar sin embargo ninguna unidad *real* a causa de la falta de una conciencia general que pueda vincularlas entre sí y con el pasado cósmico. Esta conciencia general aparece solo en el hombre. En el mundo animal el sucederse de formas superiores y formas inferiores, aun con toda su regularidad y su adecuación al fin, es un hecho que resulta absolutamente exterior y extraño para estos mismos seres, es decir, en todo y del todo inexistente desde su punto de vista; el elefante y el simio no pueden saber absolutamente nada del complicado proceso de transformación geológica y biológica que ha condicionado su efectiva aparición sobre la tierra; el nivel relativamente elevado que alcanza la evolución de la conciencia particular e individual no implica en este caso ningún proceso de la conciencia *general* que está tan absolutamente ausente en estos animales inteligentes como en la estúpida ostra; el complicado cerebro de un mamífero superior no contribuye más a la autocomprensión de la naturaleza en su totalidad que lo que pueda hacerlo el rudimentario ganglio nervioso de un gusano cualquiera. En la humanidad, sin embargo, a través del incremento de la conciencia individual, religiosa y científica progresa también la conciencia universal. En este caso, la inteligencia individual es no solo un órgano de la vida personal sino también el órgano de la memoria y de la previsión para toda la humanidad e incluso para toda la naturaleza. Aquel judío que escribió "Este es el libro de la generación del cielo y de la tierra" (*'ellè tol'doth hasciammaim ve haarez*)[2] y después "Este es el libro de la generación del hombre" (*ze sefer tol'doth haadam*)[3] expresó no solo la propia conciencia personal y la

---

[2] Gen 2,4 [Ndt].
[3] Gen 5,1 [Ndt].

de su pueblo, sino que hizo resplandecer por vez primera en el mundo la verdad de la unidad cósmica y panhumana [4]. Y todas las ulteriores conquistas de la conciencia consisten exclusivamente en el desarrollo y en la encarnación de esta verdad, todas ellas de hecho no tienen necesidad ni motivo para escapar de esta forma *omnicomprensiva*; ¿qué otra cosa pueden hacer la astronomía y la geología más perfectas sino reconstruir completamente la génesis del cielo y de la tierra? Y de igual modo la tarea suprema del conocimiento histórico puede consistir solo en la reconstrucción del "libro de las generaciones del hombre", es decir, en la reconstrucción de la relación existente en la vida de la humanidad entre génesis y desarrollo. A fin de cuentas, nuestra actividad creativa no puede tener una finalidad más elevada que la de encarnar en imágenes sensibles esa unidad de los cielos, de la tierra y del hombre creada y proclamada desde los orígenes. *La verdad en su totalidad*, es decir, la unidad positiva del todo, ha sido puesta desde el principio en la conciencia viva del hombre y se realiza gradualmente en la vida de la humanidad a través de la continuidad de la conciencia (porque una verdad *que no se acuerda del propio origen* no es una verdad). Gracias a la ilimitada extensión y gracias a la inseparabilidad del propio depósito de la conciencia, el hombre aun permaneciendo él mismo, puede tocar y realizar toda la ilimitada plenitud del ser y por tanto no es ni necesario ni posible que sea sustituido con otras especies de seres superiores a él. Considerado en los límites de su realidad dada, el hombre es solo una parte de la naturaleza; pero él abate estos límites continua y progresivamente; en las realizaciones de su espíritu –religión y ciencia, moral y arte– él se revela como centro de la conciencia universal de la naturaleza, como alma del mundo, como unitotalidad abso-

---

[4] A quien me diga que se trata de palabras de inspiración divina le responderé que esta no es una objeción, pues se trata aquí solo de una traducción de mi pensamiento en términos teológicos.

luta en potencia que se actualiza; por ello, solo puede ser superior a él ese mismo absoluto en su acto perfecto o en su ser eterno, es decir, Dios.

2. [Amor, salvación de la individualidad]

La superioridad del hombre con respecto a todos los demás seres de la naturaleza, es decir, su capacidad de reconocer y de realizar la verdad, es algo que compete no solo a la especie, sino también al individuo: *cada hombre* es capaz de reconocer y de realizar la verdad, cada uno de nosotros puede llegar a ser un vivo reflejo de la totalidad absoluta, un órgano consciente y autónomo de la vida universal. La verdad (o la imagen de Dios) está presente también en el resto de la naturaleza, pero solo en esa generalidad objetiva que resulta inaccesible para los seres particulares; la verdad los plasma, obra en ellos y a través de ellos como fuerza fatal, como ley de su existencia que ellos mismo no conocen y a la que se someten involuntaria e inconscientemente; por sí mismos, en la interioridad de su sentir y de su conciencia, ellos no pueden elevarse sobre la facticidad de su existencia particular, se recluyen completamente en la propia particularidad, en su estar separados del *todo* y por tanto en su ponerse fuera de la verdad; y por esto la verdad o lo universal solamente puede triunfar aquí gracias a la interrelación de las generaciones, en la permanencia de la especie y en la muerte de una vida individual que no es capaz de encerrar en sí misma la verdad. La individualidad humana, precisamente porque encierra en sí misma la verdad, no es eliminada por esta última y con su triunfo se conserva y se refuerza.

Pero para que un ser individual encuentre en la verdad, es decir, en la unitotalidad, su propia justificación y su propia afirmación, no es suficiente que tenga conciencia de la verdad, debe estar en la verdad. Ahora bien, el individuo humano, como el animal, no está originaria e inmediatamente en la verdad; se descubre como una partícula separada de la totalidad universal y, en su egoísmo, comprende su existencia particular como totalidad para sí, quiere ser todo en su separación del todo, fuera de la verdad. El egoísmo, en cuanto principio real y fundamental de la vida individual, la penetra y la dirige totalmente, la determina concretamente en todo, y por ello la conciencia teórica de la verdad, por sí misma, no es capaz en absoluto de entrar en la razón y eliminar el egoísmo. Hasta que la fuerza viva del egoísmo no encuentra en el hombre una fuerza igualmente viva y contraria a ella, la conciencia de la verdad no es nada más que una iluminación exterior, el reflejo de una luz extraña. Si el hombre fuera capaz de poseer la verdad solo en este sentido, entonces el nexo entre ésta y su individualidad no sería ni interior ni indisoluble; su propio ser, encontrándose, como el del animal, fuera de la verdad, estaría, como éste, condenado (en su subjetividad) a la desaparición y se conservaría solo como idea en el pensamiento de la inteligencia absoluta.

La verdad, como fuerza viva que se apodera de la interioridad del hombre y lo libera efectivamente de la falsa autoafirmación, se llama amor. El amor, como efectiva eliminación del egoísmo, es la justificación real y la efectiva salvación de la individualidad. El amor es superior a la conciencia racional, pero sin esta última no podría actuar como fuerza interior salvadora capaz de promover la individualidad en vez de suprimirla. Solo gracias a la conciencia racional (o lo que es lo mismo, a la conciencia de la verdad) el hombre puede distinguirse a sí mismo, es decir, puede distinguir su individualidad auténtica del propio egoísmo y, por tanto, únicamente sacrificando este egoísmo y abandonándose al amor puede encontrar en este último una fuerza no solo viva sino vivificante. De este modo, el hombre no solo no pierde junto con el propio egoísmo también el propio ser individual, sino que lo hace eterno. En el mundo animal, dada la carencia de una verdadera y propia conciencia racional, la verdad que se realiza en el amor, no encontrando un punto de apoyo interior para su propia acción, puede actuar solo directamente, como una fuerza fatal y exterior que se apodera de los animales tratándolos como ciegos instrumentos para fines universales y extraños a ellos; aquí el amor aparece como el triunfo unilateral de lo que es genérico y específico sobre lo que es individual; en los animales de hecho la individualidad coincide con el egoísmo de la inmediatez de la existencia particular y desaparece por tanto junto con esta última.

3. [El amor sexual, vencedor del egoísmo]

El significado del amor humano en general es *la justificación y la salvación de la individualidad a través del sacrificio del egoísmo.* Sobre esta base general podemos resolver también nuestro problema específico: explicar el significado del amor sexual. No es una casualidad que las relaciones sexuales no solo se llamen amor, sino que vengan también a constituir por un reconocimiento general el amor por excelencia, el prototipo y el ideal de cualquier otro amor (véase a este propósito el *Cantar de los Cantares* y el *Apocalipsis*).

La mentira y el mal del egoísmo no consisten de ningún modo en el hecho de que una persona se atribuya una importancia excesiva y se otorgue un valor absoluto y una dignidad ilimitada; en esto tendría razón, porque cada sujeto humano, como centro autónomo de fuerzas vivas, como potencia (posibilidad) de perfeccionamiento infinito, como ser que es capaz de contener en la propia conciencia y en la propia vida la verdad absoluta, tiene en cuanto tal un valor y una dignidad incondicional, es algo absolutamente insustituible y no podrá nunca dar una valoración excesiva de sí mismo; en el Evangelio precisamente se dice: "¿Qué podrá dar un hombre a cambio de su propia vida?"[5]. No admitir

---

[5] Cf. Mt 16,26; Mc 8,37 [Ndt].

dentro de uno mismo este valor absoluto equivale a renunciar a la dignidad humana; y este sería justamente el error fundamental y el principio de toda incredulidad; quien sea tan pusilánime que no crea ni siquiera en sus propias fuerzas, ¿cómo podrá llegar a creer cualquier otra cosa? La mentira fundamental y el mal del egoísmo no está en esta autoconciencia absoluta y en esta autovaloración del sujeto sino en el hecho de que éste, atribuyéndose justamente un valor absoluto, acaba por negarlo injustamente a los demás; reconociéndose como centro de la vida, y teniendo en esto plena razón, acaba sin embargo por confinar a los demás a la periferia del propio ser y les reconoce un valor exclusivamente exterior y relativo.

Es evidente que en abstracto y desde un punto de vista teórico, todo hombre que no esté completamente loco reconoce a los demás una plena paridad de derechos; pero en su conciencia vital, en la interioridad de sus sentimientos y en los hechos, pone entre sí y los demás una diferencia infinita, una absoluta inconmensurabilidad; él de por sí es todo y los demás de por sí son nada. Y sin embargo, precisamente por esta exclusiva autoafirmación, dicho hombre no puede en realidad ser lo que afirma ser. Ese valor incondicionado y absoluto que él se atribuye justificadamente, negándolo sin embargo injustamente a los demás, tiene de por sí un carácter exclusivamente potencial, es solo una posibilidad que necesita ser realizada. Dios *es* todo, es decir, posee en un solo acto absoluto todo el contenido positivo, toda la plenitud del ser. El hombre en general, y cada hombre individual en particular, es de hecho solo *una determinada cosa* y no *otra* y por tanto puede *llegar a ser* todo, pero solo a condición de que elimine de la propia conciencia y de la propia vida esos límites interiores que lo separan de los demás. "Esto" puede ser "todo" solo *junto con los demás*, solo junto con los demás puedo realizar el propio valor absoluto, llegar a ser una parte indivisible e insustituible del entero unitotal, un órgano autónomo, vivo y específico de la vida absoluta. La verdadera individualidad es una determinada forma de la unitotalidad, un determinado modo de percibir y de hacer propias todas las demás cosas. Afirmándose a sí mismo al margen de toda otra cosa, el hombre hace inevitablemente insensata la propia existencia, se priva del auténtico contenido de la vida y transforma la propia individualidad en una forma vacía. El egoísmo por tanto no es en absoluto una forma de autoconciencia y de autoafirmación de la individualidad, sino solo autonegación y muerte.

Las condiciones metafísicas y físicas, históricas y sociales de la existencia humana transforman y mitigan en los modos más varios nuestro egoísmo, oponen grandes y diversos obstáculos a su manifestación en estado puro y en todas sus horribles consecuencias. Pero todo este complicado sistema de obstáculos y correctivos, predispuesto por la Providencia y realizado por la naturaleza y por la historia, no toca el fundamento mismo del egoísmo que aun cuando habitualmente permanece casi inadvertido tras el velo de la moral personal y social, otras veces llega a manifestarse también a plena luz. Hay solo una fuerza capaz de erradicar el egoísmo desde dentro y hasta el fondo, y esta fuerza lo erradica efectivamente; es el amor, y ante todo el amor sexual. La mentira y el mal del egoísmo consisten en atribuir exclusivamente a uno mismo ese valor absoluto que se niega a todos los demás; la razón nos muestra que esto no tiene ningún fundamento y es injusto, pero solo el amor elimina concretamente esta actitud injusta, obligándonos a reconocer el valor absoluto de los demás no solo en nuestra conciencia abstracta sino también en la interioridad de nuestros sentimientos y en nuestra voluntad vital. Conociendo, gracias al amor, la verdad de los demás no de forma abstracta sino esencial, transportando efectivamente el centro de nuestra vida más allá de los límites de nuestra particularidad empírica, revelamos y realizamos nuestra verdad y nuestro valor absoluto que consisten precisamente en la capacidad de trascender los límites de nuestra existencia fáctica y fenoménica, en la capacidad de vivir no solo en nosotros mismos sino también en los demás.

Todo amor es una manifestación de esta capacidad, pero no todo amor es capaz de realizarla con la misma intensidad, no todo amor es capaz de eliminar el egoísmo con la misma radicalidad. El egoísmo es una fuerza no solo real sino fundamental, radicada en el centro más profundo de nuestro ser, donde invade y abraza toda nuestra realidad, es una fuerza constantemente activa en todos los particulares y en todos los detalles de nuestra existencia. Para erradicar realmente el egoísmo es necesario contraponerle un amor que sea igualmente concreto e indiscutible, un amor que sea igualmente capaz de penetrar y conquistar todo nuestro ser. Ese amado que debe liberar nuestra individualidad de los cepos del egoísmo, tendrá que estar en relación estrecha con nuestra misma individualidad, tendrá que ser un sujeto dotado de la misma realidad y concreción que nos es propia e igualmente objetivado en su totalidad, y al mismo tiempo tendrá que distinguirse en todo y del todo de nosotros, de forma que sea realmente otro; con otras palabras, teniendo el mismo contenido esencial que tenemos nosotros en todo, lo poseerá sin embargo de un modo o según un aspecto diverso, de otra forma, de manera que toda manifestación de nuestro ser y todo acto vital nuestro encontrarán en este otro una manifestación correspondiente pero no idéntica, de manera que la relación entre ambas manifestaciones será un intercambio pleno y constante, una afirmación plena y constante de sí mismo en el otro, una interacción y una comunión perfecta. Solo entonces el egoísmo será erradicado y eliminado no solamente en línea de máxima sino también en toda su realidad concreta. Solo gracias a esta unión, por así decirlo, química de dos seres homogéneos y de igual dignidad pero diversos en cuanto a la forma *sea cual sea el punto de vista desde el que se les considere*, es posible (sea en el orden de la naturaleza sea en el del espíritu) crear un hombre nuevo, realizar efectivamente una verdadera individualidad humana. Y esta unión, o por lo menos su posibilidad inmediata, la encontramos precisamente en el amor sexual, y por esto justamente atribuimos a este una importancia excepcional y lo consideramos el fundamento necesario e insustituible de toda ulterior perfección, la condición inevitable y constante que por sí misma permite al hombre estar efectivamente en la verdad.

4. [Amor sexual. Diferencias con otros amores]

Aun reconociendo totalmente la gran importancia y la alta dignidad de todos esos otros géneros de amor que un falso espiritualismo y un moralismo impotente querrían poner en lugar del amor sexual, estamos en todo caso seguros de que solo este último satisface las dos exigencias fundamentales sin las que sería imposible la supresión definitiva de la aseidad en una comunión plena y vital con otro ser. En todos los demás géneros de amor faltan la homogeneidad, la igualdad y la interacción entre el amante y el amado, o ese conjunto de diferencias de carácter que lleva a una complementariedad mutua.

Así, en el amor místico el objeto del amor se reduce en último término a una indiferencia absoluta que absorbe la individualidad humana; en este caso, el egoísmo se elimina solo en ese sentido absolutamente insuficiente en que se elimina también cuando el hombre cae en un estado de sueño profundo (estado que en los *Upanishad* o el *Vedanta* se identifica incluso a veces con la unión entre el alma individual y el espíritu universal). Entre el hombre vivo y el "Abismo" místico de la absoluta indiferencia, dada la perfecta heterogeneidad y la inconmensurabilidad de estos dos conceptos, no solo no puede darse una comunión vital, sino que es impensable incluso una simple compatibilidad. Si existe el objeto del amor, entonces no existe el amante, pues ha desaparecido, se ha perdido, como si se hubiera hundido en un sopor profundo sin sueños. Y cuando el amante torna en sí, entonces desaparece el objeto del amor y en lugar de la absoluta indiferencia se hace fuerte la multiforme variedad de la vida real sobre el fondo de un egoísmo tintado de orgullo espiritual. Es verdad, por otro lado, que la historia conoce místicos y enteras escuelas místicas que no han entendido el objeto del amor como una absoluta indiferencia y que le atribuyen incluso formas concretas que hacen posible relaciones vitales con él; pero es extremamente significativo que en estos casos esas relaciones hayan asumido en forma absolutamente clara y coherente los caracteres del amor sexual...

El amor de los padres, y en particular el amor materno, por la fuerza del sentimiento y por la concreción de su objeto se acerca al amor sexual, pero por toda una serie de razones no puede tener el mismo valor para la individualidad humana. Este amor está determinado por el hecho de la reproducción y por la ley de la sucesión de las generaciones que guía la vida de los animales, pero que no tiene o en todo caso no debe tener ese valor en la vida de los hombres. En los animales cada generación elimina directa y rápidamente a la precedente poniendo así de manifiesto la insensatez de su existencia para ser arrojada a su vez inmediatamente, en una idéntica insensatez, por la generación que ella misma ha llamado a la vida. El amor materno que puede ser reconocido en la humanidad, y que alcanza a veces un alto grado de abnegación (como no puede reconocerse por ejemplo en el amor de la gallina), no es sino el residuo, por ahora indudablemente necesario, de este orden de cosas. En todo caso, está fuera de duda que en el amor materno no pueden darse una plena reciprocidad y una comunión vital, ya solo por el hecho de que el amante y los amados pertenecen a generaciones diversas, pero también porque estos últimos tienen su vida en el futuro con esos intereses y tareas nuevas y autónomas ante cuya imagen los representantes del pasado no parecen sino pálidas sombras. A este propósito, baste añadir que los padres no pueden ser nunca para sus propios hijos el fin de la vida, del mismo modo que los hijos lo son para sus propios padres.

La madre que se da con toda el alma a sus hijos sacrifica evidentemente el propio egoísmo, pero con ello pierde también la propia individualidad y, por otro lado, el amor materno que afirma la individualidad de los propios hijos lleva a afirmar e incluso a reforzar el egoísmo de estos últimos. Aparte de esto, el amor materno no implica, para ser exactos, el reconocimiento del valor absoluto del amado, el reconocimiento de su verdadera individualidad, porque para la madre, aunque el propio hijo pueda ser la cosa más querida, lo será solo como *su* hijo, igual que sucede en resto de los animales. Esto último significa que, en nuestro caso, el pretendido reconocimiento del valor absoluto del otro depende del hecho del vínculo físico externo.

Los demás tipos de sentimientos de simpatía pueden todavía menos pretender sustituir al amor sexual. A la amistad entre personas del mismo sexo le falta la diversidad formal completa de cualidades capaces de complementarse recíprocamente y si, a pesar de todo, tal amistad alcanza una particular intensidad, se transforma en un sucedáneo antinatural del amor sexual. Por lo que se refiere al patriotismo y al amor por la humanidad, estos sentimientos, aun con toda su importancia, no pueden por sí mismos eliminar de forma concreta y vital el egoísmo a causa de la inconmensurabilidad existente entre el amante y el objeto amado. Ni la humanidad ni el pueblo pueden constituir para el hombre particular un objeto que tenga su misma concreción. Se puede ciertamente sacrificar la propia vida por el pueblo o por la humanidad, pero no es posible, sobre la base de este amor extensivo, transformarse en hombres nuevos, manifestar y realizar la verdadera individualidad humana. El centro real del hombre quedaría todavía en este caso constituido, a pesar de todo, por su viejo *Yo* egoísta, mientras que el pueblo y la humanidad vendrían confinados a la periferia de la conciencia, como objetos ideales. Y el mismo discurso puede hacerse a propósito del amor por la ciencia, por el arte, etcétera.

Después de haber aludido con pocas palabras al verdadero sentido del amor sexual y a su preeminencia frente a otros sentimientos afines a él, debo ahora explicar por qué en la realidad éste se actúa en formas tan insuficientes y mostrar en qué modo es posible su plena realización. Este será el tema de los capítulos sucesivos.

CAPÍTULO III

[La tarea del amor]

1. [Tarea del amor: realizar la unión, alcanzar el hombre auténtico]

El significado y la dignidad del amor, entendido como sentimiento, dependen del hecho de que nos obliga a reconocer en el otro, realmente y con todo nuestro ser, ese mismo valor central y absoluto que, a causa del egoísmo, admitimos solo en nosotros mismos. El amor es importante no como uno cualquiera de nuestros sentimientos, sino en cuanto es una transferencia de todo nuestro interés vital desde nosotros mismos hacia el otro, el desplazamiento del centro mismo de nuestra vida personal. Esto es propio de todo amor, pero lo es esencialmente del amor sexual [1]; el cual se distingue de todos los demás géneros de amor por su mayor intensidad, por su carácter más fascinante y por la posibilidad de una reciprocidad más plena y completa. Solo este amor puede llevar a una unión real e indisoluble de dos vidas en una, y precisamente solo a propósito de éste dice la palabra de Dios que "serán los dos una sola carne", es decir, serán un solo ser real.

El sentimiento exige esta plenitud de unión, íntima y definitiva, pero normalmente no consigue llegar más allá de una exigencia y una tendencia subjetiva, y se revela así como algo simplemente precario. De hecho, en vez de la poesía de una unión eterna y central, se tiene solo un acercamiento superficial, más o menos duradero pero siempre temporal, más o menos estrecho pero siempre exterior, de dos seres cerrados en los angostos límites de la prosa coti-

---

[1] Llamamos amor sexual (a falta de un término mejor) a la atracción exclusiva (recíproca o unilateral) entre dos personas de sexo diverso que pueden estar entre sí en una relación de marido y mujer; con esto no pretendo obviamente resolver a priori la cuestión que se refiere al significado fisiológico de estas relaciones.

diana. En su realidad, el objeto del amor no conserva el mismo valor absoluto que le viene atribuido en el sueño del enamorado. Esto resulta claro desde el principio para quien lo considera desde fuera; ese involuntario matiz de ironía que acompaña inevitablemente a una observación desencantada de dos enamorados se revela como un anticipo de su desilusión. De un golpe o gradualmente, el pathos del entusiasmo amoroso se apaga y en ese momento, uno podría quedar incluso satisfecho si toda la energía de los sentimientos altruistas que se ha manifestado no desapareciera en vano, pero, en realidad, después de haber perdido la propia concentración y la sublimidad de su arranque, se transfiere en forma fragmentaria y destemplada sobre los hijos que vienen engendrados y educados para reproducir el mismo engaño. Hablo de engaño desde el punto de vista de la vida *individual* y del valor absoluto de la persona humana, aun reconociendo plenamente que la procreación y la sucesión de las generaciones es necesaria y conforme al fin del progreso típico de la humanidad en su vida colectiva. Pero en este caso el amor en sentido propio no juega ningún papel. La coincidencia de una fuerte pasión amorosa con una feliz procreación es solo una contingencia, y una contingencia además bastante extraña; la experiencia histórica y cotidiana demuestra de forma incontestable que los hijos pueden ser felizmente procreados, ardientemente amados y óptimamente educados por los propios progenitores sin que estos últimos estén nunca enamorados el uno del otro. Es por tanto evidente que los intereses sociales y universales de la humanidad vinculados con la sucesión de las generaciones no exigen en absoluto un profundo pathos amoroso. Más aun, éste, que es su mejor flor, se revela en la vida individual como una flor estéril [2]. La originaria

---

[2] El periodo del enamoramiento, el pathos del amor, es la floración mejor de la vida individual. El sentimiento revela la verdad del otro que tiene necesidad de ser realizada y encarnada incluso cuando el sentimiento pasa. Este sería su fruto. Pero si cuando el sentimiento pasa nos contentamos con ver al otro como un medio para la procreación, entonces el amor pierde su sentido y esta floración de la vida personal se transforma en flor estéril [Ndt].

fuerza del amor pierde todo su significado cuando su objeto, de la altura de centro absoluto de una individualidad hecha eterna, se abaja al nivel de medio casual y fácilmente sustituible para la procreación de una nueva generación que podrá ser quizá un poco mejor, pero que tal vez será un poco peor y que, en todo caso, será siempre relativa y transeúnte.

Y así, si miramos solo a lo que sucede normalmente, es decir, al resultado efectivo del amor, tendremos que considerarlo como un sueño que se apodera de nuestro ser por un cierto tiempo y que desaparece luego sin producir nada concreto (puesto que en efecto la procreación no es propiamente obra del amor). Pero, después de haber admitido, obligados por la evidencia, que el significado ideal del amor no se realiza en la realidad, ¿tendremos que admitir que es *irrealizable*?

Por la misma naturaleza del hombre que, en su conciencia racional, en su libertad moral y en su capacidad de autoperfeccionamiento, tiene posibilidades infinitas, no tenemos ningún derecho a negarle a priori la capacidad de realizar cualquier tarea, siempre que esta tarea no encierre en sí alguna contradicción lógica interna o algo que sea incompatible con el significado general del universo y con las finalidades inscritas en la evolución del cosmos y de la historia.

Sería absolutamente injusto negar que el amor pueda ser realizado basándose únicamente en el hecho de que hasta ahora no se ha realizado nunca. Hay, en efecto, tantas otras cosas que se encontraban un tiempo en la misma situación; es el caso, por ejemplo, de todas las ciencias y de las artes de la sociedad civil y de nuestra capacidad para dominar las fuerzas de la naturaleza. Incluso la misma conciencia racional, antes de llegar a ser un hecho en el hombre, era solo una oscura e irrealizada tendencia en el mundo animal. Cuántas épocas geológicas y biológicas han tenido que pasar en el intento desafortunado de crear un cerebro que pudiera convertirse en el órgano capaz de encarnar el pensamiento racional. Y ahora, el amor es lo que un tiempo fue para el mundo animal la razón; existe como germen, como promesa pero no es todavía una realidad de hecho. Y si las largas eras que han testimoniado la falta de realización de la razón no han impedido que al final se realice, con mayor razón, el hecho de que el amor no se haya realizado en el curso de los relativamente pocos milenios vividos por la humanidad histórica no nos da ningún derecho para concluir algo contrario a su futura realización. Debemos solo estar muy atentos a recordar que si la conciencia racional ha llegado a ser real en el hombre, pero no por obra del hombre, la realización del amor, como peldaño supremo hacia una vida propiamente humana, debe cumplirse no solo en el hombre sino también *por obra del hombre*.

La tarea del amor consiste en *justificar en la práctica* ese significado que en un primer momento le era dado solo en el sentimiento; exige la unión de dos seres finitos bien determinados y exige que esta unión haga de ellos una sola persona ideal absoluta. Esta tarea no solo no encierra en sí ninguna contradicción interna ni ninguna incompatibilidad con el sentido universal, sino que está incluso directamente implicada en nuestra naturaleza espiritual cuya característica específica consiste precisamente en el hecho de que el hombre, aun permaneciendo él mismo, puede recibir en su forma particular un contenido absoluto, puede llegar a ser una persona absoluta. Pero para llegar a poseer plenamente este contenido absoluto (que en la terminología religiosa se llama vida eterna o reino de Dios), la forma humana debe ser reconducida a su propia integridad (debe ser reintegrada). En la realidad empírica un hombre así no existe, existe solo en una unilateralidad y en una limitación bien determinada, como individuo masculino o femenino (y sobre esta base se desarrollan después todas las demás diferencias). Es sin embargo evidente que el hombre auténtico, en la plenitud de su personalidad ideal, no puede ser solo macho o solo hembra, sino que debe construir la unidad superior de uno y otra. Ahora bien, la *tarea* específica e inmediata del amor es precisamente la de realizar esta unidad, la de crear al hombre auténtico, entendido como libre unión del principio masculino con el femenino que, aun conservando su aislamiento formal, llegarían sin embargo a superar su esencial enemistad y su disgregación. Al examinar las condiciones[3] necesarias para la realización efectiva de esta tarea, veremos que solo la falta de respeto de estas condiciones lleva al amor al naufragio de siempre y nos obliga a considerarlo una mera ilusión.

2. [Planteamiento del problema]

El primer paso hacia la positiva solución de un problema consiste en su planteamiento consciente y correcto. Pero el problema del amor no se ha presentado nunca conscientemente, y por eso nunca ha sido resuelto de forma debida. El amor se ha considerado y todavía se considera como un mero dato de hecho, como un estado (normal para unos y doloroso para otros) que el hombre padece sin sentirse por ello investido de una obligación cualquiera; es verdad que le son normalmente atribuidas dos tareas: la posesión fisiológica de la persona amada y la comunión de vida con ella, y es verdad que esta última tarea en particular implica determinadas obligaciones, pero se trata en ambos casos de algo que recae sobre las leyes de la naturaleza, por un lado, y sobre las leyes de la convivencia civil, por otro, de modo que el amor, abandonado a sí mismo desde el principio al fin, desaparece como un espejismo. Es evidente que el amor es ante todo un hecho de la naturaleza (o un don de Dios), un proceso natural que surge independientemente de nosotros; pero esto no significa que no se pueda y no se deba tratar de instaurar una relación consciente con

---

[3] Sobre el tema de las condiciones necesarias para el amor sexual, véase la obra de nuestro mismo autor titulada *El drama de la vida de Platón* [Ndt].

él y dirigirlo activamente hacia metas más altas. También el don de la palabra es una propiedad natural del hombre, y el lenguaje no se inventa, como no se inventa el amor. Con todo, sería muy triste si consideráramos el lenguaje como un mero proceso natural que se desarrolla dentro de nosotros de forma absolutamente autónoma, si nuestro hablar fuera como el canto de los pájaros, si nos abandonáramos a combinaciones naturales de sonidos y de palabras para expresar los sentimientos y las representaciones que pasan de forma totalmente espontánea a través de nuestra alma, y si no hiciéramos de la lengua un instrumento para expresar coherentemente determinados pensamientos, un medio para alcanzar fines racionales y conscientemente preestablecidos. Con una actitud exclusivamente pasiva e inconsciente frente al don de la palabra no habríamos podido nunca crear la ciencia ni el arte ni la sociedad civil, y el mismo lenguaje, a causa del ejercicio absolutamente insuficiente de este don, no se habría podido desarrollar y se habría detenido en el estadio germinal de sus primeras manifestaciones. El significado del amor en la creación de una auténtica individualidad humana es igual e incluso es todavía mayor que el significado de la palabra en la formación de la sociedad y de la cultura humana. Y si en el primer campo (el de la sociedad y la cultura) podemos constatar un progreso que aunque sea lento es indiscutible, la individualidad humana sin embargo, desde el inicio de los tiempos históricos hasta hoy, ha permanecido fija en sus límites fácticos. Pues bien, la primera razón de esta diferencia está en el hecho de que tenemos una actitud cada vez más consciente y creativa en el campo de la actividad verbal y del arte de la palabra, mientras que el amor permanece enteramente abandonado como antes en la región tenebrosa de los sentimientos vagos y de los impulsos involuntarios.

Del mismo modo que la verdadera finalidad de la palabra no consiste en el proceso del hablar considerado en sí mismo, sino en *lo* que se dice, es decir, en la revelación de la razón de las cosas a través de las palabras y los conceptos, así también, la verdadera función del amor no consiste simplemente en hacer experiencia de este sentimiento sino en lo que a través de él se realiza, es decir, en la obra del amor; al amor no le basta sentir el valor absoluto del objeto amado; le es necesario darle o comunicarle efectivamente este valor, le es necesario unirse a él en la creación efectiva de la individualidad absoluta. Y como la tarea suprema de la actividad verbal está ya predeterminada por la naturaleza misma de las palabras, que necesariamente nos ofrecen conceptos generales e inmutables y no impresiones particulares y cambiantes, y por tanto, siendo ya por sí mismas el nexo que conduce lo múltiple a la unidad, nos llevan a comprender el sentido universal, así, de forma totalmente similar, también la tarea suprema del amor está ya prefigurada en el mismo sentimiento amoroso que, antes de cualquier realización, coloca necesariamente el propio objeto en la esfera de la individualidad absoluta, lo ve bajo una luz ideal y cree en su carácter absoluto. Así, en ambos casos (es decir, tanto en el campo del conocimiento a través de las palabras como en el del amor), nuestra tarea no consiste en inventarnos algo absolutamente nuevo, sino solo en desarrollar y en llevar a sus últimas consecuencias lo que ya está dado de forma embrionaria en la naturaleza misma de las cosas y en el fundamento mismo del proceso. Pero si en la humanidad la palabra se ha desarrollado y continua desarrollándose, por lo que se refiere al amor es necesario decir que los hombres han permanecido y permanecen hasta ahora detenidos en sus primeras semillas naturales, semillas además cuyo significado auténtico ha sido comprendido de forma insuficiente.

3. [La luz del amor y su equivocación: el amor cortés]

Todo el mundo sabe que en el amor se da una *idealización* del objeto amado, que a los ojos del amante se presenta bajo una luz completamente diversa de aquella bajo la que lo ven los extraños. Hablo aquí de luz no solo en sentido metafórico; no se trata en este caso solo de una particular valoración moral e intelectual, sino también de una específica percepción sensible: el amante *ve* realmente y percibe visiblemente algo diverso de los demás. Es verdad que esta luz del amor se apaga también para él, y bien pronto, pero esto ¿significa tal vez que era algo falso, que se trataba solo de una ilusión subjetiva?

La verdadera esencia del hombre en general y de cada hombre particular no se liquida en la facticidad de sus manifestaciones empíricas; no existe ningún punto de vista bajo el que se pueda contraponer a esta afirmación una objeción razonable y consistente. Tanto para el materialista y el empirista, como para el espiritualista y el idealista, lo que aparece no es idéntico a lo que es, y cuando nos encontramos ante dos aspectos diversos de lo que aparece es siempre lícito preguntarse cuál de estos aspectos es más conforme con lo que es, o cuál expresa mejor la naturaleza de las cosas. Lo que aparece, de hecho, o el fenómeno en general, es una relación real o una interacción entre el que ve y lo visto, que está, por tanto, condicionada por las propiedades de uno y otro. El mundo externo del hombre y el mundo externo de un topo se reducen a fenómenos o apariencias relativas; y sin embargo, ¿quién pondrá en duda que uno de estos dos mundos aparentes es superior al otro y es más cercano a la conformidad con lo verdadero?

Sabemos que el hombre, más allá de su naturaleza material y animal, posee también un ideal que lo une a la verdad absoluta, es decir, a Dios. Más allá del contenido material o empírico de su propia vida, cada hombre encierra en sí la imagen de Dios, es decir, una forma especial del contenido absoluto. Reconocemos esta imagen de Dios de forma teórica y abstracta en la razón y a través de la razón, y luego en el amor la reconocemos de forma concreta y vital. Y si en el amor esta revelación del ser ideal, que normalmente se oculta al fenómeno material, no se limita a un mero sentimiento interior, sino que llega a ser a veces algo perceptible también en la esfera de los sentidos externos, esto significa que debe ser tanto más grande la importancia que debemos atribuirle al amor, entendido como principio de la restauración visible de la imagen de Dios en el mundo material, como principio de la encarnación de la auténtica humanidad ideal. La fuerza del amor, transformándose en luz, transfigurando y espiritualizando la forma de los fenómenos externos, nos revela su potencia objetiva, pero llegados a este punto somos nosotros quienes debemos actuar; somos de hecho nosotros mismos quienes debemos comprender esta revelación y sacar provecho de ella para que no quede en un momentáneo y enigmático fogonazo de un misterio poco identificado.

El proceso espiritual-físico de la restauración de la imagen de Dios en la humanidad material no puede cumplirse en absoluto por sí mismo, sin nuestra contribución. Su principio, como el origen de todo lo que hay de mejor en este mundo, se encuentra en esa región, para nosotros oscura, constituida por procesos y por relaciones inconscientes. Ahí se encuentran, sin duda, las semillas y las raíces del árbol de la vida; pero somos nosotros quienes debemos hacer crecer todo eso con nuestra personal actividad consciente. Para empezar es suficiente la receptividad pasiva del sentimiento, pero después, si queremos conservar, reforzar y acrecentar en nosotros mismos este don del amor iluminante y creativo, si queremos encarnar a través de él en nosotros mismos y en los demás la imagen de Dios y si queremos crear de dos seres limitados y mortales una única individualidad absoluta e inmortal, se hacen indispensables una fe activa y la moralidad de un esfuerzo ascético y de un trabajo [4]. Si la idealización, que

---

[4] El término *podvig* que traducimos por "esfuerzo ascético" significa en el uso cotidiano un "acto heroico", pero en el lenguaje monástico adquiere el matiz que aquí le damos [Ndt].

inevitable e involuntariamente acompaña al amor, nos hace ver a través de la apariencia empírica la lejana imagen ideal del objeto amado, no lo hace ciertamente para que nos limitemos a admirarla, sino para que nosotros mismos, con la fuerza de una fe auténtica, de una imaginación activa y de una creatividad real, transfiguremos según este modelo auténtico la realidad que no le corresponde y encarnemos este mismo modelo en la realidad fenoménica.

Pero, ¿quién ha pensado alguna vez sobre el amor algo semejante? Los trovadores y los caballeros del medioevo, tan fuertes en su fe como débiles en su intelecto, se contentaban con identificar simplemente el ideal amoroso con la persona amada, cerrando los ojos a su evidente inadecuación. Esta fe era ciertamente una base sólida, pero al mismo tiempo era también una base estéril, como esa piedra sobre la que se sentaba "siempre en la misma postura" el célebre caballero Grinvaldo "ante el castillo de Amalia"[5].

Más allá de esta fe, que se limitaba a hacer contemplar con devoción y a hacer cantar con entusiasmo un ideal cuya encarnación era solo fruto de la imaginación, el amor medieval estaba ciertamente marcado por una sed insaciable de gestas heroicas. Pero todas estas gestas de guerra y de destrucción, no teniendo ninguna relación con el ideal que las inspiraba, no podían conducir a su realización. Incluso ese pobre caballero que había consagrado todo su ser a la contemplación de la belleza celeste que se le había revelado, incluso él, aun sin confundir esta revelación con las apariencias terrenas, era movido por ella a acciones que, más que ir a favor y en honor de lo "eterno femenino", eran útiles solo para destruir a los enemigos.

---

[5] Soloviev alude aquí a "Nemezkaja Ballada" ("La balada alemana"), una parodia rusa de la obra de Shiller, El caballero de Toggenburg. Se trata de un caballero que tras ser rechazado por la dama de su corazón, Amalia, permanece sentado sobre una piedra durante años [Ndt].

"¡Lumen coeli! ¡Sancta rosa!
fiero y ardiente gritaba
y cual trueno su amenaza
al musulmán fulminaba" [6].

Para fulminar a los musulmanes no era ciertamente necesario tener una "visión inaccesible al intelecto". Y sin embargo toda la caballería medieval se basó en este desdoblamiento entre las visiones celestes del cristianismo y las fuerzas de quien, "fiero y ardiente", vivía la vida real, hasta que un día, el último y el más famoso entre los caballeros, don Quijote de la Mancha, tras haber hecho una matanza de ovejas y haber despedazado no pocas aspas de molinos de viento, sin haber conseguido, por cierto, equiparar a esa campesina del Toboso con su ideal Dulcinea, llegó por fin a comprender, en forma ciertamente justa pero puramente negativa, el propio error; y si aquel otro típico caballero al que nos referíamos antes permaneció casi hasta el final fiel a la propia visión, a tal punto que "murió medio loco", Don Quijote, sin embargo, pasó de la locura al simple derrumbamiento melancólico y desesperante del propio ideal.

La desilusión de Don Quijote fue la herencia que la caballería dejó a la nueva Europa. Una herencia de cuyos efectos todavía nos resentimos. La idealización amorosa, después de haber dejado de ser fuente de gestas locas, ya no nos inspira en absoluto. Se revela un puro y simple anzuelo, que nos empuja a desear una posesión física y una convivencia habitual, para desaparecer apenas se ha alcanzado esta finalidad nada ideal. La luz del amor no es ya para nadie la estrella capaz de guiar hacia el paraíso perdido; en ella ahora no se ve nada más que una luz fantasmagórica que es útil todavía al amor para su breve "prologo in cielo" pero que después

---

6 Del canto "Cantar del pobre caballero" de Pushkin. Interpretada por el protagonista de *Escenas de los tiempos caballerescos*, esta balada relata la vida de un típico caballero de las cruzadas que, movido por una visión de la Virgen, combate a los infieles de Tierra Santa y muere al retorno en la soledad de su castillo [Ndt].

la naturaleza apaga en el momento oportuno como algo absolutamente inútil para la sucesiva representación terrena. En realidad,
esta luz está apagada por la debilidad y la inconsciencia de nuestro
amor que deforma el verdadero orden de las cosas.

4. [Amor e inmortalidad]

Tanto la convivencia habitual como la mera unión fisiológica tienen una relación claramente determinada con el amor; se pueden
realizar sin el amor y el amor se puede realizar sin ellas. Se trata en
realidad de algo que es necesario para el amor no como su condición indispensable o como su finalidad autónoma, sino solo como su realización final. Si esta realización se pone como un fin en
sí mismo, precediendo al momento ideal del amor, acaba por ma-
tar el amor mismo. Toda acción o hecho exterior de por sí no es
nada; el amor se hace algo solo gracias a su significado o a su idea,
solo si se comprende como restauración de la unidad o de la integridad de la persona humana, como creación de una individualidad absoluta. El significado de las acciones y de los hechos exteriores que están vinculados con el amor y que en sí mismos no
son nada está determinado por su relación con aquello que constituye el amor mismo y su tarea. El cero, cuando se escribe después de un número entero, lo hace diez veces más grande, pero
cuando se escribe antes lo hace más pequeño o lo fracciona, pri-
vándolo de su carácter de número entero y transformándolo en
una fracción decimal; y cuanto más aumentan los ceros puestos
delante del número entero, tanto más pequeña es la fracción y
tanto más se acerca al cero.

El sentimiento amoroso en sí mismo es solo un impulso que nos
hace intuir que podemos y debemos recrear la integridad del ser humano. Cada vez que en el corazón humano se enciende esta chispa
sagrada, todas las criaturas que gimen y sufren aguardan una prime-

ra revelación de la gloria de los hijos de Dios. Pero sin una acción consciente del espíritu humano la chispa divina se apaga, y la naturaleza, engañada de este modo, se afana por crear nuevas generaciones de hijos del hombre para albergar nuevas esperanzas.

Estas esperanzas no se verificarán hasta que no nos decidamos a reconocer plenamente y a realizar hasta el fin todo lo que requiere el verdadero amor y está incluido en su idea. Ahora bien, esta actitud consciente ante el amor y la decisión efectiva de realizar su tarea están obstaculizadas sobre todo por dos hechos que parecen condenarnos a la impotencia y dar la razón a quienes consideran que el amor es una ilusión. En el sentimiento amoroso, entendido según su significado fundamental, afirmamos el valor absoluto de la individualidad de los demás y, con esto mismo, afirmamos también el significado absoluto de nuestra individualidad. Pero la individualidad absoluta no puede ser *transeúnte*, del mismo modo que no puede estar *vacía*. La irrevocabilidad de la muerte y la vacuidad de nuestra vida son absolutamente incompatibles con esa insólita afirmación de la individualidad, tanto nuestra como ajena, que está directamente vinculada con el sentimiento mismo del amor. Este sentimiento, si es fuerte y profundamente consciente, no puede resignarse a la certeza de la inminente vejez y de la muerte tanto nuestra como de la persona amada. Y a pesar de todo, el hecho evidente de que todos los hombres han terminado siempre por morir y continúan todavía hoy muriendo es considerado por todos (o casi) como una ley absolutamente ineluctable (tanto que incluso en la lógica formal se acostumbra a usar esta certeza para formular el silogismo tipo: "Todos los hombres son mortales, Fulano es un hombre, luego Fulano es mortal"). Muchos, a decir verdad, creen en la inmortalidad del alma; pero esta fe abstracta se demuestra insuficiente sobre todo a causa del sentimiento amoroso. Un espíritu privado de cuerpo no es un hombre sino un ángel; pero nosotros amamos al hombre, la individualidad humana en su totalidad, y si el amor es el principio de la iluminación y de la espiritualización de esta individualidad, entonces el mismo amor exige que ésta sea conservada en cuanto tal, exige la eterna juventud y la inmortalidad de ese hombre dado, de ese espíritu dado que se encarna en un organismo corpóreo. Un ángel o un puro espíritu no tienen necesidad ni de iluminación ni de espiritualización; solo la carne es iluminada y espiritualizada, y precisamente ella es el objeto necesario del amor. Se puede imaginar todo lo que uno quiera, pero se puede amar solo lo vivo y lo concreto y, amándolo realmente, no nos podemos resignar a la certeza de su destrucción.

Pero si la irrevocabilidad de la muerte no es conciliable con el amor auténtico, también la inmortalidad es absolutamente irreconciliable con el vacío de nuestra vida. Para la mayor parte de la humanidad la vida es solo el alternarse de un trabajo duro y mecánico con placeres groseramente sensuales que adormecen la conciencia. Pero incluso esa minoría que tiene la posibilidad de ocuparse concretamente no solo de los medios sino también de las finalidades de la vida, utiliza la propia libertad del trabajo mecánico sobre todo para pasatiempos insensatos e inmorales. No es necesario en absoluto que me alargue sobre el vacío y sobre la inmoralidad –involuntaria e inconsciente– de eso que llaman vida, toda vez que tenemos el espléndido retrato de ello en *Ana Karenina*[7], en *La muerte de Ivan Il'ič* y en la *Sonata a Kreutzer*[8]. Tornando a mi tema, querría solo notar que es del todo evidente que en *semejante* vida la muerte es no solo inevitable sino también absolutamente deseable; ¿es posible pensar, sin quedar tre-

---

[7] *Ana Karenina*, *La muerte de Ivan Il'ič* y *La Sonata a Kreutzer* son obras de L. Tolstoj [Ndt].

[8] Nuestra "sociedad", particularmente las damas del gran mundo, ha leído con entusiasmo estas obras, en particular la *Sonata a Kreutzer*; pero dudo mucho que una sola de ellas, tras esta lectura, haya declinado una invitación a un baile. Es realmente difícil cambiar el comportamiento real del ambiente social sirviéndose exclusivamente de la moral, aun cuando se exprese en una forma artísticamente perfecta.

mendamente angustiado, que la existencia de ciertas damas del gran mundo, de ciertos deportistas o de ciertos jugadores de cartas puede prolongarse indefinidamente en el tiempo?

La incompatibilidad de la inmortalidad con una existencia como *esta* es inmediatamente evidente. Pero tras un examen ulterior tenemos que reconocer la misma incompatibilidad también para el resto de las existencias aparentemente más significativas. Si en vez de una dama del gran mundo o de un jugador, tomamos, en el polo opuesto, los grandes hombres, los genios que dieron a la humanidad obras inmortales o cambiaron el destino de los pueblos, veremos que el contenido de su vida y los frutos de su actividad histórica tienen valor solo como hechos únicos en la historia, de modo que una infinita prolongación terrena de su vida individual habría hecho perder a estos genios todo su significado. Es evidente que la inmortalidad de las obras no exige de hecho, sino que más bien al contrario, en sí misma excluye, la eterna inmortalidad de los individuos que las han producido. ¿Podría imaginarse un Shakespeare que continuara componiendo dramas por toda la eternidad, o un Newton que continuara indefinidamente estudiando la mecánica celeste? Por no hablar de la absurdidad de una prolongación infinita de las gestas que hicieron célebres a Alejandro Magno o a Napoleón. Es evidente que el arte, la ciencia, la política, que dan un contenido a ciertas aspiraciones del espíritu humano y satisfacen las exigencias históricas y temporales de la humanidad, no son capaces de dar un contenido absoluto y autosuficiente a la *individualidad* humana y por tanto no tienen necesidad tampoco de la inmortalidad. Solo el amor tiene necesidad de ella y solo el amor es capaz de conferirla. El verdadero amor no es solo aquello que afirma el valor absoluto de la individualidad humana, tanto la ajena como la propia, en el sentimiento subjetivo, sino que es también aquello que justifica este valor absoluto en la realidad, aquello que nos libra realmente de la irrevocabilidad de la muerte y llena nuestra vida de un contenido absoluto.

CAPÍTULO IV

[El amor en Dios]

1. [Mortalidad, sexualidad e inmortalidad: la verdadera unión]

"Dionisio y Hades son lo mismo", había dicho uno de los más profundos pensadores de la antigüedad [1]. Dionisio, el joven y vigoroso dios de la vida material en la plena intensidad de sus fuerzas desbordantes, el dios del despertar y de la fecundidad de la naturaleza, es al mismo tiempo Hades, el pálido señor del oscuro y silencioso reino de las sombras de los muertos. El dios de la vida y el dios de la muerte son un mismo e idéntico dios. Se trata de una verdad indiscutible en lo que se refiere al mundo de los organismos naturales. La desbordante plenitud de las fuerzas vitales que rebulle en el ser individual es una vida que no le pertenece, es una vida extraña, es la vida de la especie, indiferente e inmisericorde ante la suerte del individuo singular, una vida que para él no es sino la muerte. En los niveles inferiores del reino animal esto resulta absolutamente claro; aquí los individuos existen solo para dar al mundo una descendencia y después morir; en muchas especies el individuo no sobrevive al acto de la reproducción y muere justo después de haberlo realizado; en otras especies, sin embargo, sobrevive, pero por poco tiempo. Pero aunque este vínculo entre el nacimiento y la muerte, entre la conservación de la especie y la destrucción del individuo, sea una ley de la naturaleza, la naturaleza misma, en su progresiva evolución, limita y atenúa cada vez más esta ley. En todo caso, para el individuo queda siempre la necesidad de servir de medio para la continuación de la especie y morir después, tras haber llevado a término esta obligación; pero

---

[1] Se refiere a Heráclito [Ndt].

la influencia de esta necesidad se manifiesta menos directa y ex-clusiva cuanto más se perfeccionan las formas orgánicas y cuanto más crece la autonomía y la conciencia de los seres individuales. De este modo, la ley de la identidad entre Dionisio y Hades, en-tre la vida de la especie y la muerte del individuo, o, lo que es lo mismo, la ley de la contraposición y de la lucha entre la especie y el individuo, continúa operante en su forma más fuerte en los ni-veles inferiores del mundo orgánico, pero con el desarrollo de las formas superiores se hace cada vez más débil. Mas si las cosas es-tán así, una vez que haya hecho su aparición la forma orgánica ab-solutamente superior, que convierte al ser individual en autocons-ciente y lo hace capaz de una actividad propia, de distinguirse de la naturaleza, de considerarla un objeto, y lo hace por tanto capaz de una libertad interior frente a las exigencias de la naturaleza; una vez que haya hecho su aparición tal ser, ¿no debería tal vez llegar a su fin esta tiranía de la especie que aplasta al individuo? Si la na-turaleza, en el proceso biológico, se esfuerza en limitar cada vez más la ley de la muerte, ¿no debería tal vez el hombre, en el pro-ceso histórico, llegar a eliminar del todo esta misma ley?

Es en sí mismo evidente que mientras el hombre se reproduz-ca como un animal continuará también muriendo como un ani-mal. Pero es también evidente, por otro lado, que la simple au-sencia de los actos procreadores de la especie no libera sin más de la muerte; las personas que han conservado su virginidad mueren, y mueren también los eunucos; y es un hecho además que ni unos ni otros gozan de una particular longevidad. Todo es-to es bastante comprensible. La muerte, en general, es una des-integración del ser, la desintegración de los elementos que lo componen. Pero la separación de los sexos, que no es eliminada por esa mutua unión exterior y pasajera que se realiza en el acto procreador de la especie, esa separación entre los elementos masculino y femenino del ser humano es ya de por sí un estado de desintegración y un principio de muerte. Quedarse en un estado de separación sexual significa quedarse en una vida de muerte, y quien no quiere o no puede abandonar esta vía debe, por necesidad natural, recorrerla hasta el fin. Quien da alimento a esta raíz de muerte deberá inevitablemente saborear también sus frutos. Inmortal puede ser solo el hombre entero, y si la unión fisiológica no puede restaurar efectivamente la integridad del ser humano, esto significa que esta falsa unión debe ser sustituida por una unión auténtica, y no ciertamente por el simple rechazo de cualquier forma de unión, es decir, por el simple esfuerzo de mantener *in statu quo* la naturaleza humana, dividida, desintegrada y, por tanto, mortal.

¿En qué consiste por tanto y cómo puede realizarse la verdadera unión de los sexos? Con respecto a este problema nuestra vida está tan lejana de la verdad que toma como norma lo que no es en verdad sino una anomalía menos extrema y escandalosa. Antes de seguir adelante es necesario clarificar un poco este punto.

2. [Principio moral: condena de todo lo que suponga separación]

En los últimos tiempos la literatura psiquiátrica alemana y francesa se ha enriquecido con algunas monografías dedicadas a lo que uno de estos autores ha definido como *psicopatías sexuales*, es decir, dedicadas a las diversas desviaciones de la norma en las relaciones sexuales. Estas obras, a parte del especial interés que revisten para los juristas, para los médicos y para los mismos enfermos, son interesantes también desde otro punto de vista, en el cual probablemente no han pensado ni los autores ni la mayor parte de los lectores. Precisamente en estos tratados, escritos por científicos más que respetables y de una moralidad probablemente irreprensible, sorprende la falta de un concepto claro y distinto sobre las normas que regulan las relaciones sexuales, la falta de lo que en este campo es lícito y del por qué lo es, de modo que también la definición de lo que constituye una desviación de la norma, que debería ser el objeto mismo de estas investigaciones, resulta meramente casual y arbitraria. El único criterio evidente es el de lo usual o inusual de los fenómenos; todas aquellas inclinaciones y aquellas acciones que en el campo sexual son relativamente raras se consideran como desviaciones patológicas necesitadas de cura, mientras que las habituales y universalmente aceptadas se erigen en norma. Esta confusión entre norma y desviación habitual, la identificación entre lo que debe ser y lo que sucede normalmente, alcanza a veces un alto grado de comicidad. Así, por ejemplo, en la parte casuística de una de estas obras se propone repetidamente en diversos parágrafos el siguiente método terapéutico: el paciente debe ser inducido, en parte a través de las insistentes advertencias del médico, pero sobre todo a través de la sugestión hipnótica, a ocupar la propia fantasía con la imagen de un cuerpo femenino desnudo y con otras imágenes obscenas cuyo carácter esté sin embargo comprendido dentro de una sexualidad *normal* (sic), y entonces, habrá que considerar finalizada la curación y recuperada la salud cuando el paciente bajo el estímulo de esta excitación artificial se convierte en un visitante asiduo y complacido de los lupanares… No puede dejar de asombrarnos el hecho de que estos ilustres científicos no se hayan detenido siquiera ante la simple consideración de que cuanto más éxito tenga una terapia de este tipo, tanto más fácilmente el paciente podrá encontrarse en la necesidad de tener que servirse de otra especialidad médica, y que el éxito del psiquiatra dará muchos quebraderos de cabeza al dermatólogo.

Las desviaciones del instinto sexual analizadas en los textos de medicina nos interesan en cuanto representan el extremo desarrollo de lo que en nuestra sociedad ha llegado a ser un hábito cotidiano, es decir, de lo que se considera lícito y normal. Estos fenómenos inusuales no hacen sino presentarnos de manera más clamorosa la indecencia que, en este ámbito, está inscrita en nuestras relaciones habituales. Esto se podría demostrar con un análisis de todas las desviaciones del sentimiento sexual; mas confío en que me perdonarán si a este respecto no soy exhaustivo en la argumentación. Entre las diversas anomalías existentes en el ámbito del sentimiento sexual me detendré de hecho solo en la que es más común y menos repugnante. Muchas personas, casi siempre de sexo masculino, se excitan eróticamente sobre todo, y algunas veces exclusivamente, a causa de un solo elemento perteneciente a la persona del otro sexo (por ejemplo, los cabellos, las manos o los pies) o incluso a causa de ciertos objetos externos suyos, como pueden ser por ejemplo determinadas partes de su vestuario o similares. Esta anomalía ha recibido el nombre de fetichismo erótico. Está claro que la anormalidad de un tal fetichismo depende del hecho de que una parte toma el lugar del todo y el accidente, el de la esencia. Pero si los cabellos o los pies que excitan al fetichista no son sino partes del cuerpo femenino, también el mismo cuerpo en todo su conjunto es solo una parte del ser femenino, y a pesar de esto, toda esa masa de personas que está enamorada del cuerpo femenino por sí mismo no es acusada de fetichismo, no es considerada una agrupación de locos y ni siquiera es sometida a curación de ningún tipo. Pero, ¿dónde está la diferencia? ¿Está tal vez en el hecho de que la superficie de una mano o de un pie es menor que la superficie de todo el cuerpo?

Si en línea de principio se consideran anormales todas las relaciones sexuales en las que una parte ocupa el puesto del todo, entonces también las personas que, de un modo u otro, compran un cuerpo femenino para la satisfacción de las propias necesidades sexuales y con ello mismo separan el cuerpo del alma, deberían ser consideradas anormales desde el punto de vista de las relaciones sexuales, psíquicamente enfermas, fetichistas en amor e incluso necrófilas. Y sin embargo estos muertos vivientes que aman nada más y nada menos que carroña son considerados personas normales; y nótese además que casi toda la humanidad pasa a través de esta segunda muerte.

Una conciencia no adormecida y un sentido estético que tenga todavía una cierta sensibilidad están en perfecto acuerdo con el pensamiento filosófico en condenar de forma absoluta cualquier relación sexual que se funde sobre la separación y sobre el aislamiento de la esfera animal inferior del ser humano con respecto a la superior. Fuera de este principio no se puede encontrar ningún criterio que sea capaz de trazar una distinción neta entre lo que es normal y lo que es anormal en el campo sexual. Si se considera justo que la necesidad de ciertos actos fisiológicos deba ser satisfecha a toda costa por el solo hecho de que se trata de una necesidad, entonces se tendrá que considerar absolutamente justo que se satisfaga también la necesidad de ese "fetichista en amor" para el que el único objeto sexualmente deseable es el delantal colgado en el tendedero [2]. Si luego se quisiera encontrar una diferencia entre este cabeza destemplada y uno de tantos visitantes habituales de los lupanares, es evidente que la diferencia estaría a favor del fetichista, pues la atracción hacia un delantal húmedo es sin duda algo natural y sincero porque no se puede encontrar ninguna motivación falsa y, sin embargo, mucha gente visita los lupanares no ciertamente porque tenga una necesidad real sino siguiendo erróneas consideraciones higiénicas, siguiendo el empuje de ejemplos negativos, bajo el influjo del alcohol, y así un largo etcétera.

Normalmente las manifestaciones psicopáticas del sentimiento sexual son reprobadas porque no corresponden con la finalidad natural del acto sexual, es decir, con la reproducción. Afirmar que el delantal lavado recientemente o una maquinilla usada pueden servir a la reproducción de la especie sería evidentemente una paradoja, pero no sería menos paradójico suponer que el hecho de la prostitución está en función de esta finalidad. Es evidente que el libertinaje "natural" es tan contrario a la reproducción cuanto lo es

---

[2] Cf. A. Binet, *Le fétichisme en amour*; R. Krafft-Ebing, *Psychopathia sexualis*.

el "antinatural", y es igualmente evidente que también desde este punto de vista no existe ningún motivo para considerar que uno sea normal y el otro sea anormal. Si luego por último se pasa a considerar el daño que pueden acarrear a uno mismo y a los demás, es evidente que un fetichista, que corta un mechón de cabellos a una señora que no conoce o que roba un pañuelo, provoca un daño a la propietaria y a la propia reputación, pero, ¿es acaso posible comparar este daño con el provocado por esos desgraciados propagadores del terrible contagio que constituye la más obvia consecuencia de la satisfacción "natural" de una necesidad igualmente "natural"?

3. [Lugar de la gracia y unión en Dios]

Todo esto no lo he dicho para justificar esas formas innaturales con que viene satisfecho el sentimiento sexual, sino para condenar las que tienen la pretensión de ser naturales. En general, cuando se habla de lo que es natural o antinatural, no se debe olvidar que el hombre es un ser complejo y que lo que es natural para uno de los elementos o principios que lo constituye, puede ser antinatural para otro y, por tanto, anormal para el hombre en su totalidad.

Para el hombre, entendido como *animal*, es absolutamente natural satisfacer ilimitadamente la propia necesidad sexual a través de un determinado acto fisiológico; pero el hombre, en cuanto ser moral, encuentra este acto contrario a la propia naturaleza superior y experimenta *pudor* [3]. Para el hombre, en cuanto animal *social*, re-

---

[3] El *pudor*, la *compasión* y la *reverencia* (*pietas*) son los tres sentimientos naturales, fundamentos de la vida moral, que corresponden con las tres tipologías de relaciones que se deben instaurar en el hombre para la realización de la "Unitotalidad". El *pudor* es la actitud que el hombre tiene frente a su propia naturaleza inferior; la *compasión* es el sentimiento que vincula al hombre con su prójimo; y la *reverencia* (*pietas*) es la actitud frente a lo que es superior al hombre; véase al respecto el primer capítulo de *La justificación del bien*, obra de Soloviev [Ndt].

sulta natural limitar la función fisiológica que lo pone en relación con otras personas a las exigencias de la *ley* moral y social. Esta ley limita y circunscribe desde fuera las tendencias animales y las convierte en medios para una finalidad social, es decir, en medios para la formación de la unidad familiar. Esto, sin embargo, no transforma la sustancia de las cosas. El vínculo familiar se funda siempre en una unión exterior y material de los sexos, dejando por tanto al hombre-animal en su estado anterior, en un estado de desintegración y de imperfección que lleva necesariamente a una ulterior desintegración del ser humano, es decir, a la muerte.

Si el hombre, además de su naturaleza animal, tuviera solo un ser social y moral, entre estos dos elementos contrastantes, aunque igualmente naturales para él, tomaría una ventaja definitiva el primero. La ley social y moral y la familia, que es su objetivación fundamental, imponen a la naturaleza animal del hombre todos aquellos límites que son necesarios para la evolución de la especie, y ponen además un cierto orden en la vida, pero no son capaces en absoluto de abrir el camino de la inmortalidad. En el ámbito de la vida social y moral, el ser individual se consume y muere como si estuviera exclusivamente sujeto a la ley de la vida animal. El elefante y el cuervo gozan de una longevidad mucho más alta de la que pueda ser alcanzada por el hombre más virtuoso y prudente [4]. Pero en el hombre, más allá de la naturaleza

---

[4] Respecto a las recientes discusiones sobre la muerte y sobre el temor a la muerte, es necesario observar que aparte del miedo y la indiferencia – ambas indignas de un ser capaz de pensar y de amar – existe una tercera actitud posible, la de la lucha y la victoria sobre la muerte. Aquí el problema no es tanto el de la propia muerte, de la que toda persona moral y físicamente sana se preocupa poco, sino más bien el de la muerte de los otros, de las personas queridas, el de esas muertes que la persona que ama no puede aceptar sin turbación (cf. Jn 11,33-38).
Una actitud de resignación sería exigida por la razón solo si la muerte del hombre fuera un resultado absolutamente inevitable. Pero esto es precisamente lo que se da siempre y solo como presupuesto, sin que se intente nunca demostrar; en el fondo porque semejante demostración es imposible. Es indiscutible que *en ciertas condi-*

animal y de la ley social y moral, existe además un tercer principio superior, el espiritual, místico o divino. Éste es, también en el ámbito del amor y de las relaciones sexuales, esa "piedra desechada por los arquitectos" que "se ha convertido en piedra angular". Por encima de la unión fisiológica en la naturaleza animal, unión que lleva a la muerte, y por encima de la unión legítima en el ámbito moral y social, que no puede ciertamente salvarnos de la muerte, debe existir una unión en Dios que lleve a la inmortalidad, porque no restringirá simplemente la vida mortal de la naturaleza con una ley humana sino que la hará renacer con la fuerza eterna y el imperio de la gracia. Este tercer elemento, que a decir verdad es el primero en el orden auténtico de las cosas, y las exigencias que de él se derivan son absolutamente *naturales* para el hombre considerado en su integridad, como ser que participa del supremo principio divino y hace de mediador entre éste y el mundo. Los dos elementos inferiores, por su parte, la naturaleza animal y la ley social, que son igualmente naturales si se mantienen en su puesto, llegan a ser *antinaturales* cuando se separan del superior y usurpan su puesto. En el ámbito del amor sexual, prescindiendo ahora de los diversos fenómenos de psicopatía sexual, no es solo contra natura para el hombre toda satisfacción de las exigencias sexuales que esté desordenada, carente de una iluminación superior espiritual y realizada de forma animal; en realidad son también indignas del hombre y contra natura todas aquellas uniones entre personas de sexo diverso que se instauran y se sostienen fundándose *únicamente* sobre leyes civiles, teniendo exclusivamente finalidades morales y sociales, y eliminando o marginando el principio propiamente espiritual y místico del hombre. Sin embargo, y en honor a la verdad, este

---

ciones la muerte es necesaria, pero decir que estas condiciones son las únicas posibles, que no pueden ser modificadas y que por tanto la muerte es una necesidad *absoluta*, equivale a hacer afirmaciones que no tienen siquiera una sombra de justificación racional.

desbarajuste del orden auténtico de las cosas, que condiciona dichas relaciones y que es antinatural desde el punto de vista del
ser humano tomado en su integridad, acaba por ser precisamente el que domina en nuestra existencia y el que se considera normal, mientras que todas las culpas recaen sobre esos infelices
sexualmente psicopáticos que no hacen sino llevar a extremos ri-
dículos, indecentes y algunas veces repugnantes, si bien por lo
general relativamente inicuos, esa misma perversión que es universalmente aceptada y predominante.

4. [La norma de la restauración de la integridad. El peligro del espiritualismo]

Las diversas perversiones del instinto sexual, de las que se
ocupan los psiquiatras, no son sino extrañas variantes de esa única perversión universalmente difundida que ha impregnado estas
relaciones típicas de la humanidad; perversión que alimenta y
eterniza el reino del pecado y de la muerte. Las tres relaciones o
vínculos entre los sexos que son naturales para el hombre considerado en su integridad, es decir, el vínculo que se realiza en la vida animal o según la naturaleza inferior, el que se realiza en la esfera moral de la vida cotidiana o según la ley y, por último, el
vínculo que se forma en la vida espiritual, o sea la unión en Dios;
estas tres relaciones, decía, están sin duda presentes en la humanidad pero se realizan en formas antinaturales porque actúan se-
paradamente cada una con respecto a las otras, según una sucesión inversa con respecto a su auténtico significado y a su orden
jerárquico, y además, porque actúan en forma desigual.

En nuestra realidad concreta, de hecho, se concede el primer
lugar al vínculo fisiológico animal, que, en verdad, debería ocupar
solo el último puesto. Éste se considera incluso el fundamento de
todo el resto, mientras que debería ser solo un extremo corona-

miento. De este modo, para mucha gente, el fundamento coincide con el coronamiento final, y así se acaba por no ir más allá de las relaciones animales; para otros, sobre este amplio fundamento se edifica la superestructura moral y social de la familia legal. Y en este caso, la mediocridad cotidiana es elevada a la cúspide de la existencia, y lo que debería servir de mediación para una libre y consciente expresión de la unidad eterna en el proceso temporal se convierte en un canal en que la inconsciente vida material es obligada a circular. Queda, por último, para algunos elegidos y como fenómeno raro y excepcional, el puro amor espiritual, al que además los vínculos inferiores han quitado ya previamente todo contenido real, de modo que no puede hacer nada más que contentarse con un sentimentalismo romántico e infecundo, absolutamente incapaz de implicar una tarea real y una finalidad vital. Este desdichado amor espiritual nos trae a la memoria los angelitos de ciertos cuadros antiguos, que solo tienen cabeza, alas y nada más. Estando privados de manos, estos ángeles no pueden hacer nada y ni siquiera pueden moverse porque la fuerza de sus minúsculas alas es apenas suficiente para mantenerlos inmóviles a una cierta altura. También el amor espiritual se encuentra en esta situación que es sin duda elevada pero decididamente insatisfactoria. La pasión física tiene delante una tarea precisa, aunque sea vergonzosa; la unión familiar legal asume también una tarea, que es necesaria aun con toda su mediocridad; pero el amor espiritual, tal como se ha presentado hasta ahora, no tiene, como todos saben, absolutamente nada que hacer, y no hay que maravillarse por tanto de que toda persona práctica muy frecuentemente *glaubt an keine Liebe oder nimmt's für Poesie* [5].

Es evidente que también este amor exclusivamente espiritual es una anomalía, igual que el amor exclusivamente físico y la unión que se recluye exclusivamente en la pura cotidianidad. La norma

---

[5] "No cree en el amor o lo considera poesía" [Ndt].

absoluta es la restauración de la integridad del ser humano, y no respetar esta norma, sea cual sea la infracción que se cometa, tiene siempre como resultado un fenómeno anormal y antinatural. El amor aparentemente espiritual no es solo un fenómeno anormal sino también absolutamente carente de sentido, porque aquello a lo que aspira, la separación del espíritu con respecto a lo sensible, se alcanza en todo caso y de forma más completa sin él, con la muerte. El auténtico amor espiritual no es una pálida imitación y anticipación de la muerte, sino el triunfo sobre la muerte; no es la separación de lo inmortal con respecto a lo mortal, de lo eterno con respecto a lo temporal, sino la transformación de lo que es mortal en inmortal, la asunción de lo que es temporal en lo eterno. La falsa espiritualidad es negación de la carne, la espiritualidad auténtica es su regeneración, su salvación, su resurrección.

5. [La imagen de Dios]

"Dios creó al hombre a su imagen; a imagen de Dios lo creó; macho y hembra los creó".
"Este misterio es grande; ¡lo digo en referencia a Cristo y a la Iglesia!" [6].

La misteriosa y originaria imagen de Dios, según la cual fue creado el hombre, no se refiere a una cualquiera de las partes del ser humano tomada en su singularidad, sino a la unidad auténtica de sus dos lados fundamentales, el masculino y el femenino. Tal y como Dios se comporta con su criatura, tal y como Cristo se comporta con su Iglesia, así también el marido debe comportarse con su mujer. Estas palabras universalmente conocidas resultan en esa misma medida incomprendidas en cuanto a su significado. Como Dios crea el universo y como Cristo edifica la Iglesia, así el

---

[6] Las citas son de Gen 1,27 y de Ef 5,32 [Ndt].

hombre debe crear y edificar su propio complemento femenino. Es, sin duda, una tesis elemental que el hombre representa el principio activo y la mujer el pasivo y también que el hombre debería contribuir a la formación del intelecto y del carácter de la mujer; pero lo que nos interesa resaltar aquí no es esta relación superficial, sino ese "gran misterio" del que habla el Apóstol. Este gran misterio pone de manifiesto una analogía sustancial, aunque no sea una identidad, entre la relación humana y la divina. También la edificación de la Iglesia por parte de Cristo se distingue de hecho de la creación del universo por parte de Dios en cuanto tal. Dios crea el universo de la nada, es decir, de la pura potencialidad de ser o del vacío que a continuación se rellena y que asume gracias a la acción divina las formas reales de las cosas inteligibles; Cristo sin embargo edifica la Iglesia a partir de un material que había sido ya plasmado en modos muy diversos, estaba animado y era autónomo en sus partes singulares y al que debía simplemente ser comunicado el principio de una nueva vida espiritual dentro de una nueva y superior esfera de unidad. El hombre, en fin, por su actividad creadora, encuentra en la persona de la mujer un material que le es parejo en grado de actualización y frente al cual solo tiene esa superioridad potencial que se deriva de su capacidad de iniciativa, es decir, del derecho y del deber de dar el primer paso en el camino hacia esa perfección que él, sin embargo, en último término no posee. Dios, respecto a la criatura, es como el todo respecto a la nada, es decir, es como la absoluta plenitud del ser frente a la pura potencialidad del ser; Cristo, respecto a la Iglesia, es como la perfección en acto respecto a una perfección en potencia que se va transformando en perfección actual; las relaciones entre marido y mujer, en fin, son relaciones entre dos potencias diversamente activas pero igualmente imperfectas que alcanzan la perfección solo a través de un proceso de interacción. Con otras palabras, Dios, en sí mismo, no recibe nada de la criatura, esta última no le añade nada sino que lo recibe todo de Él;

Cristo no recibe de la Iglesia ningún incremento en lo que se refiere a la perfección y al contrario le da toda perfección, aunque recibe después de esta última un incremento en lo que se refiere a la plenitud de su cuerpo místico; el hombre, al fin, y su *alter ego* femenino se completan mutuamente no solo en el sentido real sino también en el ideal, porque alcanzan la perfección solo a través de su interacción. El hombre puede creativamente restaurar la imagen de Dios en el objeto vivo del propio amor solo si al mismo tiempo restaura efectivamente esta imagen también en sí mismo; pero él no tiene en sí fuerzas suficientes para alcanzar el fin, porque si las tuviera no sería necesaria ninguna restauración; no teniendo, por tanto, en sí estas fuerzas, debe recibirlas de Dios. En consecuencia, el hombre (el marido) es el principio creativo y activo frente a su complemento femenino, no por lo que es en sí mismo, sino en cuanto mediador o portador de una fuerza divina. Para ser exactos, también Cristo edifica no con su fuerza particular sino con la misma fuerza creativa de la Divinidad; solo que, siendo Él mismo Dios, posee esta fuerza por naturaleza y *actu*, mientras que nosotros la poseemos por gracia y por apropiación, dado que de por sí tenemos únicamente la posibilidad (potencia) de acogerla.

Al disponerme a describir los momentos fundamentales que constituyen el proceso de la actuación del verdadero amor, es decir, el proceso de la integración del ser humano o de la restauración en él de la imagen de Dios, preveo la perplejidad de muchos: ¿Por qué aventurarse en esas alturas tan inaccesibles y fantásticas cuando se trata de una cosa tan simple como el amor?

Si considerara la concepción religiosa del amor como algo fantástico es evidente que no la propondría. Del mismo modo, si tomara en consideración solo un amor *simple*, es decir, las habituales y ordinarias relaciones entre los sexos –o, con otros términos, lo que es y no lo que debe ser– está claro que me abstendría de cualquier consideración en esta materia, porque no hay duda de que estas simples relaciones entran dentro de esas cosas sobre las que alguno ha dicho: "no es bueno hacerlas, pero es peor hablar sobre ellas". El amor, sin embargo, tal y como lo entiendo yo, es algo tan extremadamente complejo, oscuro y complicado que exige un análisis y una investigación plenamente consciente en la que nos debemos preocupar no de la simplicidad sino de la verdad… Un tocón ya seco es sin duda más simple que un árbol vigoroso, igual que un cadáver es más simple que un hombre vivo. Hacer por tanto de la simplicidad la regla de nuestro acercamiento a la cuestión del amor lleva precisamente a esa última y absoluta simplificación llamada muerte. Y es precisamente este fin inevitable y funesto del amor "simple" lo que nos lleva a buscar otro principio más complejo para este amor.

6. [El papel de la fe en el amor]

La existencia de un amor auténtico se funda sobre todo en la *fe*. El significado fundamental del amor consiste, como hemos ya mostrado, en reconocer el valor absoluto del ser del otro. Pero en su existencia empírica, sujeta a la percepción sensible y real, este ser no tiene un valor absoluto; es imperfecto en lo que se refiere a su dignidad y es transeúnte en lo que se refiere a su existencia. Podemos por tanto atribuirle un valor absoluto gracias a una fe que es fundamento de lo que esperamos y prueba de las cosas que no vemos [7]. Pero, ¿qué tiene que ver la fe en nuestro asunto? ¿Qué significa propiamente creer en el valor absoluto, y por tanto infinito, de un determinado ser individual? Afirmar que éste, en sí y en cuanto tal, en su particularidad y en su aislamiento, tiene un valor absoluto, sería absurdo e incluso sacrílego. Es bien cierto que la palabra "adoración" se usa mucho en la esfera de las rela-

---

[7] Cf. Heb 11,1 [Ndt].

ciones amorosas, pero no es menos cierto que en este ámbito también la palabra "locura" tiene su uso legítimo. Por tanto, según las leyes de la lógica, que prohíben identificar definiciones contradictorias, y de acuerdo con el mandamiento de la verdadera religión, que proscribe cualquier tipo de idolatría, cuando hablamos de fe en el objeto de nuestro amor debemos entender la afirmación de este objeto como algo que existe en Dios y que solo en este sentido adquiere un valor infinito. Obviamente esta actitud frente al otro, que nos hace considerarlo trascendente y que lo traspone mentalmente a la esfera de la divinidad, presupone una actitud análoga hacia uno mismo, una transposición análoga y una afirmación de sí en la esfera absoluta. Yo puedo reconocer el valor absoluto de una determinada persona o tener fe en ella (y es imposible un amor auténtico sin esto) solo si la afirmo en Dios y por tanto solo si creo en Dios mismo y en mí como ser que tiene en Dios su centro focal y la raíz de su existencia. Esta fe triunitaria es ya en cierta forma un acto interior, y con este acto se pone el primer fundamento para una auténtica reunificación de cada hombre con el otro y para la restauración en uno (o en ambos) de la imagen del Dios uno y trino. El acto de fe, en las condiciones efectivas del tiempo y del espacio, es la oración (en el significado fundamental y no técnico el término). La unión indisoluble de uno mismo y del otro constituye, desde este punto de vista, el primer paso hacia una reunificación efectiva. Considerado en sí mismo, este paso es poca cosa, pero sin este no es posible ningún estado ulterior y más grande.

Dado que para el Dios eterno e indivisible todo existe a la vez y simultáneamente, todo en uno, afirmar un ser individual cualquiera en Dios significa afirmarlo no en su aislamiento sino en todo o, mejor, en la unidad del todo. Pero, dado que este ser individual, en su concreción, no está absorbido en la unidad del todo sino que tiene una existencia aparte como fenómeno material aislado, el objeto de nuestro amor-fe se distingue necesariamente del objeto empírico de nuestro amor-instinto, aunque luego resulte indisolublemente vinculado con este último. Se trata de la misma e idéntica persona considerada desde dos puntos de vista diversos o según dos esferas del ser diversas, la ideal y la real. El primero de estos dos aspectos es todavía solo una idea. Pero en el amor auténtico, en el amor que está marcado por la fe y la capacidad de ver en profundidad, sabemos que esta idea no es una arbitraria invención nuestra sino que expresa la *verdad* del objeto, esa verdad que en la esfera de los fenómenos reales externos no se ha realizado perfectamente todavía.

Esta idea verdadera del objeto amado se revela sin duda a través del fenómeno real en los momentos del pathos amoroso, pero al comienzo aparece más claramente solo como objeto de la imaginación. La forma concreta de esta imaginación, la imagen ideal con la que revisto en un momento determinado a la persona amada es, evidentemente, una creación mía, pero no es una creación de la nada; la subjetividad de esta imagen en cuanto tal, es decir, como algo que aparece aquí y ahora delante de los ojos de mi alma, no demuestra en absoluto que el objeto imaginario sea subjetivo en el sentido de que exista solo para mí. Si un determinado objeto ideal no parece ser para mí, que me encuentro a este lado del mundo trascendente, sino un mero producto de mi imaginación, ello no impide que tenga su plena realidad en otra esfera superior del ser. Y aunque nuestra vida real se desarrolle fuera de esta esfera superior, nuestro intelecto no es totalmente extraño a ella e incluso podemos tener también un cierto conocimiento especulativo sobre las leyes de su naturaleza. Y la primera ley, la fundamental, dice: si en nuestro mundo la existencia distinta y aislada es un hecho y algo actual, mientras que la unidad es solo un concepto y una idea, en el otro mundo, sin embargo, lo que es verdaderamente real es la unidad o, más exactamente, la unitotalidad, mientras que la distinción y el aislamiento existen solo como algo potencial y subjetivo.

De donde resulta que en la esfera trascendente el ser de *esta* persona dada no es individual en el sentido en que lo es el ser real en este mundo nuestro. Allí, es decir, en la verdad, la persona individual es solo un rayo vivo y efectivo, pero inseparable, de la única luz ideal, es decir, de la sustancia unitotal. Esta persona o idea personificada es solo una individualización de esa unitotalidad que está indivisiblemente presente en cada una de sus individuaciones. Así, cada vez que nos imaginamos la forma ideal del objeto amado, se nos comunica precisamente a través de esta forma la sustancia unitotal. ¿Cómo tenemos que entender entonces esta forma ideal?

7. [Lo eterno femenino, objetivo último del amor]

Dios, en cuanto uno, aun distinguiendo de sí a lo que es propiamente otro, es decir, a todo aquello que no es Él mismo, lo une consigo concibiéndolo junto y al mismo tiempo en la forma de la absoluta perfección y por tanto como unidad. Esta *otra* unidad, distinta aunque no separable de la originaria unidad de Dios, está frente a Dios como una unidad pasiva, femenina, es decir, como el vacío eterno (la pura potencia) que acoge en sí la plenitud de la vida divina. Pero si *en la base* de esto eterno femenino está la pura nada, para Dios esta nada está eternamente oculta por la imagen de la perfección absoluta que Él mismo le ha comunicado. Esta perfección que para nosotros está todavía y solo en proceso de actuación, para Dios, es decir, en verdad, es algo ya efectivamente existente. Esta unidad ideal, a la que nuestro mundo aspira y que constituye el final del proceso cósmico e histórico, no puede ser solo el concepto subjetivo de alguien (¿y quién sería ese alguien?), sino que existe verdaderamente como eterno objeto del amor de Dios, como su eterno otro.

Este ideal vivo del amor de Dios precede a nuestro amor y encierra en sí el misterio de su idealización. En nuestro amor, de hecho, la idealización de un ser inferior es al mismo tiempo el inicio de la realización del ser superior, y es precisamente en esto en lo que consiste la verdad del pathos amoroso. Por lo que se refiere a su plena realización, es decir, a la transformación del ser femenino individual en un rayo de lo eterno femenino divino, rayo inseparable de su luminosa fuente, dicha realización será la reunificación real, no solo subjetiva sino también objetiva, de la individualidad humana con Dios, será la restauración de la imagen viva e inmortal de Dios en el hombre.

El objeto del amor auténtico no es simple sino doble: nosotros amamos sobre todo este ser ideal (ideal no porque sea abstracto sino en cuanto pertenece a otra esfera superior del ser) que debemos introducir en nuestro mundo ideal y, en segundo lugar, amamos ese ser humano natural que constituye la materia viva y personal capaz de semejante realización y que de este modo es idealizado, no en el sentido de que venga a ser el producto de nuestra imaginación subjetiva, sino en el sentido de que es transformado y regenerado de una forma objetiva y real. Así, el amor auténtico es inseparablemente *ascendente y descendente (amor ascendens y amor discendens*, es decir las dos Afroditas que Platón distinguió bien y dividió mal, *Aphrodite Ourania y Aphrodite Pandemos*) [8]. Para Dios, su *otro* (es decir, el universo) tiene desde siempre el rostro de la perfecta feminidad, pero Él quiso que esta figura no exista solo para Él sino que se realice y se encarne para todo ser individual que sea capaz de unirse a ella. Hacia esta realización y encarnación tiende también lo eterno Femenino que no es solo una imagen inactiva en el intelecto de Dios sino un ser espiritual vivo que posee toda la plenitud de potencia y acto. Todo el proceso mundial e histórico en su conjunto es el proceso de su realización y de su encarnación en una gran multiplicidad de formas y de grados.

---

[8] Afrodita celeste y Afrodita vulgar o popular; cf. Platón, *Convite*, 180-181 [Ndt].

En el amor sexual verdaderamente entendido y verdaderamente realizado, esta sustancia divina adquiere un medio para su
definitiva y suprema encarnación en la vida individual del hombre,
se hace capaz de unirse a él en la forma más profunda y contemporáneamente más exterior y perceptible. De aquí vienen luego
esos instantes de felicidad ultraterrena, ese soplo de alegría ultra-
mundana que acompañan al amor incluso cuando es imperfecto
y que lo hace, aun con toda su imperfección, el placer más excel-
so de los hombres y de los dioses: *hominum divumque volup-
tas* [9]. Y de aquí viene también ese profundísimo sufrimiento que
nos embarga cuando el amor no es capaz de conservar su verdadero objeto y se aleja cada vez más de él.

Aquí encuentra su lugar legítimo ese elemento de adoración y
de ilimitada dedicación que es tan propio del amor y que está tan
profundamente privado de significado si se refiere solo a su objeto terreno separado del celeste.

El fundamento místico del carácter doble o mejor bilateral del
amor puede también resolver el problema de la posibilidad de la
repetición del amor. El objeto celeste de nuestro amor es uno solo, es siempre y para todos único e idéntico, es lo eterno Femenino de Dios [10]. Pero dado que la tarea del amor auténtico consis-

---

[9] "Placer de los hombres y de los dioses"; tomado de Lucrecio en su *De rerum
natura* [Ndt].

[10] La idea de lo *Eterno Femenino* puede fácilmente desviarse hacia concepcio-
nes teológicamente heréticas o hacia actitudes moralmente torcidas. La variedad de
niveles que se entrelazan en Soloviev ha producido en sus discípulos desviaciones
con respecto a su verdadera concepción. Recogemos aquí la clarificación que el mismo autor ha creído necesario añadir en el prefacio para la publicación del volumen
de sus poesías, previendo la posibilidad de malentendidos y vulgarizaciones de lo
Eterno Femenino. Escribió allí: "Dos de mis obras tienen necesidad de anotaciones,
porque pueden dar lugar a acusaciones en una nociva pseudo enseñanza. El principio femenino, ¿no es tal vez de este modo introducido en la misma divinidad? Debo
aclarar lo siguiente [...]: 1. La transferencia de las relaciones carnales, animales y humanas, al área de lo Sobrehumano es el colmo de la "abominación", el motivo de la
perdición final [...]. 2. La veneración de la naturaleza femenina en sí misma tendría

te no solo en adorar este objeto supremo sino también en realizarlo y encarnarlo en otro ser inferior, del mismo género femenino pero de naturaleza terrena y elegido entre muchos, su valor único para el amante *puede*, evidentemente, ser también pasajero. Si luego *deba* serlo y por qué razón, es una cuestión que se decidirá en función de las características de cada caso particular y que no depende del único e inmutable fundamento místico del auténtico proceso amoroso, sino más bien de las condiciones morales y físicas en las que éste se desarrolla, condiciones que deberemos ahora examinar.

---

por objeto un principio de ambigüedad e indiferencia (pues está no menos abierta a la mentira y a la maldad que a la verdad y al bien); esto es una auténtica locura [...]. 3. Esta estupidez y este desatino no tienen nada que ver con la verdadera veneración de lo Eterno Femenino, que recibe la fuerza divina desde siempre y abraza en sí mismo la plenitud real del bien y la verdad para alcanzar, a través de ellas, el esplendor de la belleza. [...] Todo esto ha sido predicho: al final la Belleza dará sus frutos y producirá la salvación del mundo [...]. A la otra belleza (*Afrodita vulgar*) no he dedicado ni una sola palabra de mis poesías"; ver el texto francés de N. LOSSKY, *Histoire de la philosophie russe* (Paris 1954) 132-133 [Ndt].

CAPÍTULO V

[La restauración universal.
Hacia la unitotalidad completa]

1. [La debilidad del amor]

Un sentimiento inconsciente e inmediato nos revela el significado del amor como manifestación suprema de la vida individual
que solo en la unión con otro ser descubre la propia infinitud. ¿No
es acaso suficiente esta fulminante revelación? ¿Es acaso poco haber experimentado hasta el fondo, por lo menos una vez en la vida, el propio valor absoluto?

"Y sin embargo, a veces recuerdo, viendo las estrellas,
que tú y yo, como dioses, vimos esas estrellas" [1]

Incluso para la simple contemplación poética sería difícil contentarse con tan poco, y no podrían ser satisfechas además ni la
conciencia de la verdad ni la *voluntad de vivir*. Una infinitud solo
momentánea es una contradicción intelectual intolerable para el
intelecto y una felicidad confinada solo en el pasado es un sufrimiento para la voluntad. Son resplandores de una luz tan diversa
que después de ellos:

"Tanto más oscura resulta la oscuridad de la vida
como tras el lejano vaivén de las claridades otoñales" [2]

Si estos resplandores han sido solo un engaño, también su recuerdo puede suscitar solo la vergüenza y la amargura de la desilusión; pero si no han sido una ilusión, si nos han hecho entre-

_____

[1] Los versos son del poema "Alter ego" (1878) de Afanasij Afanas'evič Fet-Šenšin
(1822-1892), que fue un poeta y traductor ruso amigo de Soloviev, profundamente
amado y admirado por el filósofo [Ndt].
[2] Del poema "Atormentado por la vida" (1864) de A.A.Fet [Ndt].

ver una cierta realidad que después se ha velado y se ha sustraí-
do a nuestra mirada, ¿por qué deberemos tranquilizarnos ante tal
desaparición? Si lo que hemos perdido era algo verdadero, nuestra conciencia y nuestra voluntad deben asumir el empeño de no
considerar esta pérdida como definitiva sino más bien de com-
prenderla y eliminar sus causas.

La causa más inmediata (como hemos en parte mostrado en
el capítulo precedente) reside en la deformación de la misma relación amorosa. Esta deformación comienza muy pronto; apenas
el pathos inicial del amor nos ha mostrado una región diversa,
una realidad mejor, donde la vida está regida por otros principios
y otras leyes, enseguida buscamos aprovechar el incremento de
energía que deriva de esta revelación no para ir adelante en la vía
que nos ha sido indicada por ella sino solo para radicarnos todavía más solidamente y para adaptarnos más cómodamente todavía a esa malvada realidad anterior sobre la que el amor había
apenas comenzado a levantarnos. La buena nueva que nos viene del paraíso perdido, el anuncio de la posibilidad de su restauración, la recibimos como una invitación a nuestra definitiva *natu-
ralización* en la tierra del exilio, como una invitación a asegurarnos
lo más rápidamente posible la plena propiedad, para nosotros y
para nuestros descendientes, de nuestra pequeña posesión con
todas sus tribulaciones y con todas sus espinas. Esa superación
de la limitación personal que distingue la pasión amorosa y constituye su significado fundamental conduce por tanto en realidad
solo a un *egoísmo* a dos, luego a tres y así a más. Un egoísmo así
es, obviamente, siempre mejor con todo que el egoísmo indivi-
dualista, pero el primer crepúsculo del amor nos abría horizontes
bien diversos.

En cuanto se empieza a transportar esa esfera vital de la
unión amorosa a la realidad material, de la que, sin embargo, forma parte, enseguida comienza a deformarse, a imagen de esta
última, el orden mismo según el cual se realiza dicha unión. Su

fundamento místico y "ultraterreno", que había aparecido tan claramente visible en la pasión inicial, se relega como una exaltación pasajera y aquello que debería ser solo su última y bien justificada manifestación se considera como la cosa más deseable, como la finalidad esencial y a la vez la condición primera del amor. Esta unión física, que debería ser la última y que, sin embargo, ha sido colocada en el puesto de la primera y ha sido de este modo privada de su significado *humano* y reducida a lo animal, no solo hace que el amor sea impotente ante la muerte, sino que se convierte ella misma inevitablemente en la tumba mortal del amor mucho antes de que la tumba real engulla los cuerpos físicos de los amantes.

Una contraposición personal y directa a semejante orden de cosas es mucho más fácil de concebir que de practicar; no hacen falta largos discursos para definirla. Para eliminar de la existencia este orden malvado de fenómenos es necesario en primer lugar reconocerlo como anormal, afirmando así que existe otro que es, por el contrario, normal y en el que todo lo que es exterior y casual está subordinado al sentido interior de la vida. Semejante afirmación no debe ser meramente verbal: a la experiencia de los sentidos externos debe contraponerse no un principio abstracto sino otra experiencia, *la experiencia de la fe*. Esta última es incomparablemente más difícil que la primera, porque depende de una actividad más íntima que la accesible a una percepción externa. Solo con la continua repetición de actos que sean fruto de una fe consciente podemos establecer una relación real con el ámbito de el-que-es-realmente y luego, a través de esta, una relación auténtica con nuestro "otro"; solo sobre esta base puede fundarse y consolidarse en nuestra conciencia esa idea del valor absoluto de la persona del otro (y por tanto la idea del valor absoluto de nuestro unión con él) que se revela inmediata e inconscientemente en el pathos del amor; este último, de hecho, va y viene, mientras que la fe en el amor permanece.

La fe, para no ser fe muerta, debe defenderse incesantemente de ese ambiente real en que el azar con su ceguera establece su dominio sobre el juego de las pasiones animales y de las pasiones humanas, que son incluso peores que las primeras. Contra todas estas fuerzas hostiles, el amor creyente tiene una única arma de defensa: la paciencia perseverante hasta el final. Para merecer la felicidad, el amor debe saber asumir la propia cruz. En nuestro ámbito material solo es posible conservar el amor auténtico si se concibe y se asume como un acto de heroísmo moral. No es casualidad que la Iglesia ortodoxa en el rito del *matrimonio* recuerde a los santos *mártires* y parangone las coronas nupciales con las suyas [3].

La fe religiosa y el heroísmo moral preservan al hombre individual y su amor del riesgo de ser absorbido por el ambiente material que lo circunda durante su vida, pero no son nunca capaces de hacerle triunfar sobre la muerte. La regeneración interior del sentimiento amoroso y la rectificación de las relaciones entre los amantes, relaciones que poco a poco se han ido deformando, no son capaces de corregir y de eliminar la cruel ley de la vida física en el mundo exterior y tampoco en el hombre mismo. Éste continúa siendo *realmente*, como antes, un ser limitado, subordinado a su naturaleza material. Su unión interior, mística y moral con esa otra individualidad que constituye su complemento, no puede superar ni la impenetrabilidad recíproca ni el aislamiento, ni tampoco la común dependencia del mundo y de las cosas. La última palabra no le corresponde al heroísmo moral sino a la implacable ley de la vida orgánica y de la muerte; y los hombres, que

---

[3]   En las iglesias orientales, el rito del matrimonio se llama rito de la coronación (en ruso *venchianie*) a causa de las coronas que se ponen sobre las cabezas de los esposos en el momento del matrimonio. Como culminación del rito el sacerdote pronuncia la siguiente epíclesis: "Señor, Dios nuestro, corónalos de gloria y honor", que expresa el momento de la consagración y la configuración de su amor con el amor de Cristo, convirtiéndolos en testigos fieles de este amor [Ndt].

han luchado hasta el fin por un ideal eterno mueren sin duda con plena dignidad humana, pero también con la misma impotencia de los animales.

Mientras se limite simplemente a su objeto más próximo, es decir, a la corrección de la perversión de las relaciones personales que vinculan a dos seres, el heroísmo individual no será capaz en absoluto de anunciar una victoria definitiva ni siquiera en esta empresa directa. De hecho, el mal contra el que choca el amor auténtico, el mal del aislamiento material, de la impenetrabilidad y del contraste exterior de dos seres que interiormente se completan recíprocamente, este mal es solo un caso particular, si bien típico, de una deformación más general que subyace en nuestra vida, y no solo en la nuestra sino también en la vida de todo el universo.

El hombre particular puede salvarse realmente, puede regenerar y perpetuar la propia vida individual en el amor auténtico solo si vive en comunión y junto con todos. Él tiene, sin duda, el derecho y el deber de defender la propia individualidad contra la cruel ley de la vida general, pero no de separar el propio bien del verdadero bien de todos los seres vivientes. Del hecho de que la manifestación más profunda y más intensa del amor se exprese en la correlación de dos seres que se completan recíprocamente, no se desprende en absoluto que los seres que dan vida a esta correlación puedan separarse y aislarse, en cuanto pareja, del resto de la humanidad como si constituyeran algo autosuficiente; al contrario, semejante aislamiento es la muerte del amor porque la relación sexual en cuanto tal, aun con todo su valor subjetivo, se revela (objetivamente) como un fenómeno meramente transitorio y empírico. De igual modo, del hecho de que la unión perfecta de estos dos seres particulares sea siempre la forma fundamental y auténtica de la vida individual, no se desprende en absoluto que esta forma de vida, cerrada en la propia perfección individual, deba quedarse vacía, pues ella misma, y precisamente por la naturaleza del hombre, es capaz y está destinada a llenarse de un contenido universal. Por último, si el significado moral del amor exige la reintegración de todo lo que está injustamente dividido, si exige que cada hombre se identifique con su propio otro, entonces establecer una separación entre la tarea de nuestra perfección individual y el proceso de la reintegración universal sería contrario al mismo significado moral del amor, aunque semejante separación fuera físicamente posible.

2. [Hacia la unitotalidad completa, unidad del todo]

Resulta de este modo evidente que todo tentativo por aislar y absolutizar el proceso individual del renacimiento en el amor auténtico encuentra tres obstáculos insuperables; pues de forma inevitable nuestra vida individual, con su amor, separada del proceso de la vida universal, se revela físicamente inconsistente e indefensa contra el tiempo y contra la muerte; luego, en segundo lugar, intelectualmente vacía y privada de todo contenido y, por último, moralmente indigna. Y aunque la fantasía pueda ir más allá de los obstáculos físicos y lógicos, debe sin embargo detenerse ante las objeciones morales.

Hagamos una suposición absolutamente fantástica, supongamos que un hombre tenga tan fortalecido el propio espíritu a través de una concentración metódica de la conciencia y de la voluntad, y que tenga tan purificada la propia naturaleza corpórea a través de un incesante y heroico acto ascético, que haya restaurado realmente (para sí y para ese otro ser que es su indispensable complemento) la auténtica integridad de la individualidad humana y que haya también alcanzado la plena espiritualización y la inmortalidad. Esta individualidad regenerada, ¿podrá tal vez alegrarse de la propia y solitaria felicidad en medio de un mundo donde todo sufre y perece como antes? Pero vayamos todavía más adelante. Admitamos que esta pareja regenerada sea capaz de comunicar a todos los demás la propia condición superior, lo cual es evidentemente imposible porque semejante condición depende del heroísmo moral personal, pero admitamos de todos modos que esta pareja sea una especie de piedra filosofal o una especie de elixir de vida. Veríamos entonces a todos los habitantes de la tierra curados de sus males y de sus enfermedades, los veríamos a todos libres e inmortales. Pero para alcanzar una felicidad como esa deben cumplir todavía una condición: deben olvidar a sus padres, deben olvidar a los verdaderos artífices de su bienestar, porque, por inmenso que pueda ser el valor del heroísmo personal que les hemos atribuido, ha sido con todo necesario que miles y miles de generaciones concurrieran con todas sus fatigas juntas para crear esa cultura y esa construcción moral e intelectual sin las que la tarea de la regeneración individual no solo no hubiera podido ser realizada sino ni aun siquiera concebida. Y estos millares de hombres, que han dado la propia vida por los otros, ¡tendrán que pudrirse en sus tumbas mientras sus afortunados descendientes pueden, a diferencia de ellos, gozarse de la felicidad que han recibido de balde! Todo esto significaría algo incluso peor que la barbarie moral, pues hasta los bárbaros honran a los propios antepasados y permanecen en comunicación con ellos. ¿Cómo sería posible fundar el estado definitivo y supremo de la humanidad sobre la injusticia, sobre la ingratitud y sobre el olvido? El hombre que hubiera alcanzado la perfección suprema no podría aceptar un don tan indigno de él. Si no fuera capaz de arrancar a la muerte *todo* su botín, preferiría renunciar también él a la inmortalidad.

"Rompe esta copa en la que se oculta un germen de maldad [4]".

---

[4] Del poema de A.A. Fet "En vano". Soloviev modifica la frase. La estrofa original dice: "Rompe esta copa en la que se oculta una gota de esperanza" [Ndt].

Afortunadamente todo esto no es sino una fantasía arbitraria y ociosa, y la humanidad no llegará nunca al punto de tener que someter la propia solidaridad *moral* a una prueba tan trágica, no llegará precisamente a causa de la solidaridad *natural* que nos vincula a cada uno con el mundo entero, precisamente porque es físicamente imposible que el problema de la vida puede resolverse *parcialmente*, es decir, para un solo hombre o una generación particular. Nuestra regeneración está indisolublemente vinculada con la regeneración del universo, con la transfiguración de sus formas espacio-temporales. La auténtica vida de la individualidad, en su significado pleno y absoluto, se realiza y se perpetúa solo unida con el desarrollo de la vida universal, desarrollo en que podemos y debemos tomar parte activa pero que no es una creación nuestra. Nuestra actividad personal, en cuanto es verdadera, es una obra común de todo el mundo, es decir, es la realización y la individualización de la idea unitotal y la espiritualización de la materia. Se trata de algo preparado por el proceso cósmico en el mundo de la naturaleza, y proseguido y llevado a término por el proceso histórico de la humanidad. Nuestra *ignorancia* sobre el nexo que con toda su complejidad vincula las particularidades concretas en la unidad del todo nos deja esa libertad de acción que, desde el principio y con todas sus consecuencias, estaba ya prevista en el plano absoluto y omnicomprensivo.

La idea unitotal puede realizarse o encarnarse definitivamente solo en la plenitud de las individualidades perfectas, lo que significa que el fin último de todo el proceso es el máximo desarrollo posible de cada una de las individualidades en la más completa unidad de todos, lo cual incluye necesariamente también el fin de nuestra vida individual, un fin que, precisamente por esto, no hay motivo ni tampoco posibilidad de separar o aislar del fin universal. Somos necesarios para el mundo solo en la medida en que también el mundo nos es necesario; el universo está desde siempre interesado en conservar, desarrollar y perpetuar todo lo que para nosotros es realmente necesario y deseable, todo lo que es positivo y digno de nuestra individualidad, y para nosotros no queda sino tomar parte con la máxima conciencia y actividad posibles en el proceso histórico general, para nosotros mismos y para todos los demás *indistintamente*.

3. [Idea y proceso cósmico]

Al verdadero ser o, lo que es lo mismo, a la idea unitotal se contrapone en nuestro mundo el ser material, ese mismo ser que con su resistencia insensata aplasta también nuestro amor e impide que se realice su sentido. La característica principal de este ser material es una *doble impenetrabilidad*: 1. La impenetrabilidad en el *tiempo*; la cual hace que el momento sucesivo del ser no conserve en sí el precedente sino que lo excluya o incluso lo elimine de la existencia de modo que todo lo que es nuevo en el mundo material se realiza exclusivamente a costa o en contra de lo que preexistía; 2. la impenetrabilidad en el *espacio*; la cual hace que dos partes de la misma materia (dos cuerpos) no puedan contemporáneamente ocupar un mismo e idéntico puesto, es decir, una misma e idéntica parte del espacio, sino que se excluyan por necesidad recíprocamente. Así, la base de nuestro mundo está constituida por un ser en estado de disgregación, por un ser roto en partes y momentos que se excluyen recíprocamente. En este profundo fundamento y sobre esta amplia base se enraíza esa fatal división de los seres de la que depende toda la miseria que sella también nuestra vida personal. Vencer esta doble impenetrabilidad de los cuerpos y de los fenómenos, transformar el ambiente real externo según la interior unitotalidad de la idea, este es el fin del proceso universal, simplicísimo como concepto pero complejo y difícil por lo que respecta a su realización concreta.

En nuestro mundo y en nuestra vida el aparente dominio de la base material es todavía tan grande que muchos pensadores, sesudos, sin duda, pero decididamente unilaterales, consideran que no existe absolutamente nada fuera de este ser material y de todas sus diversas modificaciones. Sin embargo, aun prescindiendo de que considerar este mundo visible como el único realmente existente es una hipótesis arbitraria que puede ser creída pero que no puede ser demostrada, y sin ir, por tanto, más allá de los límites de este mundo, se hace con todo necesario admitir que el materialismo no se justifica ni siquiera desde el punto de vista de los meros hechos empíricos. De hecho, incluso en nuestro mundo visible existen muchas cosas que no son solo modificaciones del ser material en su impenetrabilidad espacio-temporal, sino que son más bien la negación y la confutación inmediata de esta misma impenetrabilidad. Es el caso, en primer lugar, de la *gravitación* universal a causa de la cual las partes individuales del mundo material no se excluyen recíprocamente sino que buscan por el contrario incluirse una en la otra y compenetrarse recíprocamente. Para ser fieles a un idea preconcebida se pueden inventar todo tipo de hipótesis pseudocientíficas, pero una concepción efectivamente racional no conseguirá nunca explicar, partiendo de la definición de la materia inerte, ciertos factores de naturaleza directamente opuesta; no se conseguirá nunca reducir la gravitación a la extensión, ni deducir la atracción a partir de la impenetrabilidad o equiparar la tendencia a una meta con el inmovilismo. Y sin embargo, sin estos factores inmateriales no sería posible ni siquiera el más simple ser corpóreo. La materia, de hecho, de por sí es solo un complejo indeterminado e incoherente de átomos al que se le atribuye un pretendido movimiento, más por magnanimidad que por algún fundamento cierto. En todo caso, para que las partículas materiales de un cuerpo puedan unirse de forma determinada y constante es absolutamente necesario atribuirles en vez de la impenetrabilidad o, lo que es lo mismo, en vez de una absoluta falta de conexión, una interacción positiva recíproca más o menos eficaz. Así, también nuestro universo, en cuanto que no es un caos de átomos inconexos, sino un todo único y orgánico, presupone, además de su material fragmentario, también una forma de unidad e incluso una fuerza que sea capaz de actuar en tal modo que reconduzca a esta unidad los elementos que le oponen resistencia. La unidad del mundo material no es una unidad material; una unidad de este tipo no podría en absoluto existir porque sería una *contradictio in adjecto* [5]. El cuerpo universal, que se ha constituido en base a la ley antimaterial (y antinatural, por tanto, desde el punto de vista del materialismo) de la gravitación, es una totalidad real-ideal, psicofísica e incluso (según la idea de Newton sobre el *sensorium Dei*) un *cuerpo místico*.

Aparte de por la fuerza de la gravitación universal, la unitotalidad ideal se realiza también en el cuerpo del universo en forma espiritual-corporal por medio de la luz y de otros fenómenos afines, como pueden ser la electricidad, el magnetismo y el calor, cuyas características contrastan tan profundamente con las propiedades de la materia impenetrable e inerte que incluso la ciencia materialística se encuentra forzada por la evidencia a admitir para su explicación una sustancia semimaterial de tipo particular a la que se da el nombre de éter. Se trataría de una materia imponderable, ultrapenetrable y omnipenetrante, es decir, a fin de cuentas, de una *materia inmaterial*.

Nuestro mundo real subsiste gracias a estas encarnaciones de la idea unitotal (la gravitación, el éter), mientras que la materia en sí, es decir, el conjunto muerto de átomos inertes e impenetrables, puede ser pensada solo por la razón abstracta pero no puede ser ni reconocida ni descubierta en ninguna realidad. No conocemos el momento en que el caos material se ha presentado

---

[5]   Una contradicción en cuanto a la atribución, es decir, una formulación contradictoria porque le atribuyo al sustantivo algo que no es lógicamente compatible con él, como si digo "un fuego húmedo" [Ndt].

como una realidad auténtica y en que la idea cósmica aparecía solo como una sombra incorpórea e ineficaz; podemos solo suponer que tal momento ha sido el punto de partida del proceso cósmico dentro de los límites del universo visible para nosotros.

Ya en el mundo de la naturaleza todo pertenece a la idea, pero esta, a causa de su verdadera esencia, no exige solo que todo le pertenezca, que todo esté encerrado o abrazado por ella, sino que requiere también que *la idea misma pertenezca al todo*, que el todo, es decir *todos* los seres particulares e individuales, y por tanto cada uno de ellos, posea efectivamente la unitotalidad ideal y la encierre en sí. La unitotalidad perfecta exige, precisamente a causa del concepto que la define, el pleno equilibrio, la plena equivalencia y paridad de derechos entre cada uno y el todo, entre un entero y las partes, entre el general y el singular. La plenitud de la idea exige que la máxima unidad del todo se realice en la máxima autonomía y libertad de los elementos singulares y particulares, es decir, en ellos, por medio de ellos y para ellos. El proceso cósmico, actuando en esta dirección, llega a crear la individualidad animal, en la cual se manifiesta bajo la forma de la *especie* la unidad de la idea, que es experimentada en toda su fuerza con ocasión de la atracción sexual, cuando la unidad interior, o la comunión con el otro, con el "todo", se encarna concretamente en la relación con un individuo particular del otro sexo, con uno que representa ese "todo" que es capaz de completarnos. La misma vida individual del organismo animal encierra ya en sí una cierta, aunque limitada, semejanza con la unitotalidad, porque en ella se realiza la plena solidaridad y reciprocidad de todos esos órganos particulares y de todos esos elementos que van a constituir un único cuerpo viviente. Pero como esta solidaridad orgánica *en* el animal no va más allá de los límites de su constitución corpórea, así, *para* este mismo animal también la imagen del "otro" que lo completa queda encerrada dentro de los límites del mismo cuerpo individual que puede hacer posible una unión exclusivamente material y parcial. Y precisamente por esto la infinitud extratemporal, o infinitud de la idea, que obra en la fuerza vital y creativa del amor, asume aquí la agobiante forma rectilínea de una multiplicación ilimitada, es decir, de la repetición de un organismo siempre igual en una monótona sucesión de existencias temporales particulares.

También en la vida humana se mantiene fundamentalmente esta línea recta de la reproducción de la especie, pero gracias al desarrollo de la conciencia y de la comunión intelectual pasa a formar, a través del proceso histórico, círculos cada vez más amplios de organismos sociales y culturales. Estos organismos sociales son engendrados por la misma fuerza vital y creativa del amor que está también en el origen de los organismos físicos. Esta fuerza crea en primer lugar la familia, y la familia es el elemento constitutivo de cada sociedad. Sin embargo, este nexo genético, el vínculo de la individualidad humana con la sociedad, es esencialmente diverso de la relación de la individualidad animal con la especie, pues el hombre no es un ejemplar transeúnte de la sociedad. La unidad del organismo social *coexiste realmente* con cada uno de sus miembros individuales, posee el ser no solo en cada uno de ellos o por medio de ellos, sino también *para* cada uno de ellos, tiene con cada uno de ellos un nexo y una correlación bien determinada; la vida social y la individual se compenetran recíprocamente por todos lados. Es por tanto evidente que en este caso tenemos una forma de encarnación de la idea unitotal mucho más perfecta que la que teníamos en el organismo físico. Más aun, aquí comienza desde dentro (desde la conciencia) el proceso de la integración en el tiempo (o *contra* el tiempo). Pues aunque las generaciones continúen también en la humanidad sucediéndose en una serie ininterrumpida, aquí sin embargo están ya presentes los primeros tentativos de sustraer la individualidad al olvido del tiempo, como demuestra por ejemplo el culto a los antepasados, que es la base de toda cultura, la tradición, que es la memoria de la sociedad, el arte y, por último, la ciencia histórica. El carácter imperfecto e inicial de esta ansia de eternidad corresponde con la imperfección de la individualidad humana y de la misma sociedad. Pero el progreso es incontestable y la meta final se hace siempre más clara y cercana.

4. [Vida social y cósmica]

Si la raíz de la falsedad de la existencia está en la impenetrabilidad, es decir, en la exclusión recíproca que se da entre los seres, la verdadera vida consiste en vivir en el otro como en uno mismo, o en encontrar en el otro un complemento positivo y absoluto del propio ser. El amor sexual o conyugal es y será siempre el fundamento y el tipo de esta vida verdadera. Pero, como hemos visto, su realización perfecta no es posible sin una correspondiente transfiguración de todo el ambiente externo, lo cual significa que la integración de la vida individual requiere necesariamente una integración semejante en las esferas de la vida social y cósmica. Una cierta diferencia o distinción de las esferas vitales, sea de las individuales que de las colectivas, no será y no deberá nunca ser eliminada, porque una fusión universal como esa llevaría a la indiferencia y a la vaciedad y no ciertamente a la plenitud del ser. La unidad auténtica presupone una diferencia igualmente auténtica de los elementos que se unen, es decir, una diferencia por la que estos no se excluyen sino que se presuponen recíprocamente y por la que cada uno de ellos encuentra en el otro la plenitud de la propia vida. Igual que en el amor individual dos seres diferentes, pero con iguales derechos y de igual valor, son uno para el otro no un límite negativo sino un complemento positivo, así debe ser también en todas las demás esferas de la vida colectiva; cada organismo social debe constituir para cada uno de los propios miembros no el límite externo de su actividad sino una ayuda y un complemento positivo para ella. Como para el amor se-

xual (en la esfera de la vida personal) el "otro", en su unidad y singularidad, es al mismo tiempo el todo, así también, por su parte,
el *todo* social, gracias a la solidaridad positiva de todos sus elementos, debe ser percibido por cada uno de ellos como una unidad real, como una especie de ser viviente que lo completa en
una nueva y más amplia esfera.

Si las relaciones que vinculan entre sí a los miembros individuales de la sociedad deben ser fraternas (y filiales, respecto a las generaciones pasadas y a sus representantes sociales), su vinculación
con las esferas sociales más amplias (locales, nacionales y, por último, universales) debe ser todavía más profunda, más comprensi-
va y más significativa. Esta vinculación entre el principio activo humano (que es el principio de la personalidad) y la idea unitotal
encarnada en el organismo corpóreo-espiritual de la sociedad debe
constituir una viva relación de *sizigía* [6]. La verdadera individualidad
humana, en su relación con el ambiente social inmediato, con su
pueblo y con toda la humanidad, no debe someterse a la propia esfera social ni tampoco debe dominarla, sino que debe tener con
ella una relación de activa reciprocidad amorosa, debe actuar sobre
ella como un principio de movimiento, como un principio activo y
creador, y debe encontrar en ella la plenitud de las condiciones vitales y de las posibilidades. En la Biblia, la ciudad, los países, el pueblo de Israel y después también toda la humanidad regenerada, o
iglesia universal, están figurados bajo la forma de individualidades
femeninas, y no se trata de una simple metáfora. Del hecho de que
la imagen de la unidad de los cuerpos sociales no pueda ser perci-

---

[6] Del griego suzugia [Ndt: el sustantivo griego sunzuges significa "cónyuge" y de
la misma raíz proviene el término suzugia; compuestos ambos de zugos, que en griego es "yugo", con la preposición sun, que equivale a "con"; la relación de suzugia sería literalmente la de quienes están uncidos con un mismo yugo, es decir, los cónyu-
ges]. Me veo obligado a introducir esta nueva expresión no encontrando otra mejor
en la terminología corriente. Querría hacer notar que los gnósticos utilizaron el término sizigia en otro sentido y que, hablando en general, la utilización de un cierto término por parte de herejes no lo hace por ello mismo herético.

bida por nuestros sentidos externos no se desprende que esta no exista en absoluto; también nuestra figura corpórea es absolutamente imperceptible y desconocida para cada una de las células cervicales y para cada glóbulo de sangre; y no veo por qué nosotros que, como individualidades capaces de una plenitud del ser, nos distinguimos de estas individualidades elementales no solo por una mayor claridad y amplitud de conciencia racional sino también por la superior potencialidad de nuestra imaginación creativa, tendríamos que renunciar a esta superioridad. En todo caso, con o sin esta imagen, es sobre todo necesario que consideremos nuestro ambiente social y universal como un ser vivo y real al que estamos vinculados por una estrechísima y plena reciprocidad de acción, sin que esto pueda nunca significar, sin embargo, una indistinta confusión con él. Esta extensión de la relación de *sizigía* a las esferas de la vida colectiva y universal perfecciona la misma individualidad, confiriéndole unidad y plenitud de contenido vital, y con eso mismo sublima y hace eterna la forma fundamental individual del amor.

No hay duda de que el proceso histórico se mueve en esta dirección, destruyendo progresivamente todas las formas de convivencia humana que son falsas e insuficientes (las patriarcales, las despóticas o las unilateralmente individualísticas) y, al mismo tiempo, acercándose siempre más no solo a la reunificación de la humanidad como un todo solidario, sino también a la restauración de la imagen de la verdadera *sizigía* en esta unidad humana universal. Según se va realizando efectivamente la idea unitotal, a través de la consolidación y el perfeccionamiento de sus elementos humanos individuales, también las formas de la falsa separación o de la impenetrabilidad de los seres en el tiempo y en el espacio acaban necesariamente por debilitarse y atenuarse. Pero para eliminar completamente estas formas y para sustraer definitivamente al paso del tiempo todas las individualidades, no solo las presentes sino también las pasadas, es necesario que el proceso de la integración trascienda los límites de la vida social o propiamente humana y llegue a incluir en sí la esfera cósmica en la que se originó. En esa edificación del mundo físico (en que consiste el proceso cósmico) la idea divina ha revestido el reino de la materia y de la muerte con el manto de la belleza natural, pero se ha tratado de un revestimiento exclusivamente externo; a través de la humanidad, a través de la acción de la conciencia racional universal de la humanidad, la idea divina debe penetrar *hasta lo más íntimo* este reino para vivificar la naturaleza y hacer eterna la belleza. En este sentido es absolutamente necesario que el hombre cambie su propia actitud ante la naturaleza. También con ella debe instaurar esa unidad "sizígica" que determina su verdadera vida en las esferas personal y social.

5. [El fin: instauración de una relación de sizigía con su ambiente]

La naturaleza hasta hoy ha sido o la madre autoritaria y despótica de una humanidad menor de edad o una extraña al servicio de ella, una cosa. En esta segunda época solo los poetas han sabido conservar y nutrir un cierto sentimiento, vago y tímido, de amor por la naturaleza, considerándola un ser de iguales derechos, que posee o puede poseer una *vida en sí*. Los poetas auténticos han sido siempre profetas de la restauración universal de la vida y de la belleza, como bien dijo uno de ellos refiriéndose a sus propios hermanos:

"Solo para vosotros en el alma se despiertan los sueños
como amigos antiguos, los sueños fugaces;
solo para vosotros *en la eternidad* brillan las rosas,
rebosantes de entusiasmo, las rosas perfumadas.
Y de los ávidos y viles mercados, incoloros y sofocantes,
como caricia me sorprende, y como alegría,
ver en vuestros arcos iris, levedad volante,
surgir en el patrio cielo los tiernos colores" [7].

---

[7]   Del poema "A los poetas" (1890) de A. A. Fet [Ndt].

El fin hacia el que tendemos es ya en sí mismo claro; se trata de la instauración de una relación de *sizigía* entre el hombre y su ambiente no solo social sino también natural y cósmico. Pero no son igualmente claras las vías que el hombre particular debe seguir para alcanzar este fin. Sin perdernos en particulares que en este momento serían prematuros y, por ello mismo, inciertos e inoportunos, y fundándonos al contrario sobre sólidas analogías con algunos hechos de la experiencia cósmica e histórica, es posible afirmar con seguridad que toda actividad humana consciente que esté determinada por la idea de la sizigía universal y que tenga la finalidad de encarnar el ideal unitotal en las más diversas esferas, consigue por ello mismo producir efectivamente o poner en movimiento corrientes corpóreo-espirituales reales que se apoderan progresivamente de sus ambientes materiales, los espiritualizan y encarnan en ellos determinadas imágenes de la unitotalidad, vivas y eternas semejanzas de la humanidad absoluta. Debemos añadir que la energía de esta creatividad corpóreo-espiritual del hombre no es sino una transformación o una *introversión* de esa misma fuerza creativa que en la naturaleza, estando dirigida al exterior, produce la malvada infinidad de la multiplicación física de los organismos.

Habiendo vinculado, gracias a la idea de la *sizigía* universal, el amor (individual y sexual) con la verdadera esencia de la vida universal, he realizado la tarea que me había prefijado y que consistía precisamente en definir el significado del amor, pues por significado de un objeto se entiende su propio nexo interior con la verdad universal. Sobre ciertos problemas sociales que entre tanto he abordado casualmente volveré en otra ocasión.

Últimos títulos publicados

(www.editorialdidaskalos.org)

Suscríbase en nuestra web para recibir las mejores promociones

Didaskalos